ÉCOLE PRATIQUE DES HAUTES ÉTUDES

SECTION DES SCIENCES RELIGIEUSES

———◦◦◦———

ROSCELIN

PHILOSOPHE ET THÉOLOGIEN

D'APRÈS LA LÉGENDE ET D'APRÈS L'HISTOIRE

PAR

F. PICAVET

MAÎTRE DE CONFÉRENCES POUR L'HISTOIRE DES DOGMES

AVEC

UN RAPPORT SOMMAIRE SUR LES CONFÉRENCES

DE L'EXERCICE 1895-1896

ET LE PROGRAMME DES CONFÉRENCES

POUR L'EXERCICE 1896-1897

PARIS

IMPRIMERIE NATIONALE

———

M DCCC XCVI

ÉCOLE PRATIQUE DES HAUTES ÉTUDES.

SECTION DES SCIENCES RELIGIEUSES.

Président : M. **Albert RÉVILLE**, professeur au Collège de France.

Secrétaire : M. **Jean RÉVILLE**, maître de conférences à l'École pratique des Hautes Études.

Extrait du règlement intérieur approuvé par M. le Ministre de l'instruction publique, des beaux-arts et des cultes, le 5 mars 1886.

La Section des sciences religieuses de l'École pratique des Hautes Études a pour objet de diriger et de préparer les jeunes gens qui désirent se consacrer à des travaux d'érudition.

Il n'est exigé de ceux qui veulent s'y faire inscrire aucune condition d'âge, de grade ou de nationalité. Les candidats au titre d'élève sont soumis à un stage. Les propositions pour l'admission définitive sont présentées au Ministre à la fin de chaque année scolaire. La Section admet aussi des auditeurs libres, après inscription au secrétariat.

Les candidats-élèves et les auditeurs choisissent les conférences qu'ils veulent suivre. Les professeurs peuvent exclure ceux qui leur paraîtraient insuffisamment préparés. Les personnes admises aux conférences sont tenues de s'inscrire sur le registre avant chaque leçon. Toute absence prolongée doit être justifiée.

Le cours d'études est de trois ans, y compris l'année de stage. L'année scolaire commence le 1er novembre; elle finit le 15 juillet. Les conférences sont suspendues du 25 décembre au 5 janvier, pendant la semaine sainte et pendant la semaine de Pâques.

Pendant la troisième année d'études ou pendant l'année qui suit, les élèves qui veulent obtenir le titre d'élève diplômé remettent au Directeur de la conférence dont ils font partie un mémoire sur une question d'histoire ou de critique religieuses. Ce mémoire est présenté par le Directeur à la plus prochaine séance du Conseil. Il est nommé une Commission de deux membres, à laquelle le Président de la Section a toujours le droit de s'adjoindre, et qui est chargée d'examiner ce mémoire. Sur l'avis favorable de cette Commission, l'élève est autorisé à faire imprimer son mémoire dans la *Bibliothèque de l'École des Hautes Études.*

Les inscriptions sont reçues au Secrétariat spécial de la Section, à la Sorbonne.

Les élèves ou auditeurs sont admis à la Bibliothèque de l'Université sur la présentation d'une carte portant le timbre de la Section.

ROSCELIN,

PHILOSOPHE ET THÉOLOGIEN,

D'APRÈS LA LÉGENDE ET D'APRÈS L'HISTOIRE[1].

On sait quelles transformations, parfois étranges, le moyen âge a fait subir aux hommes de l'antiquité grecque et latine : Sénèque est un chrétien qui a correspondu avec saint Paul; la Sibylle est invoquée à côté de David et des prophètes; Virgile, Phidias, Praxitèle sont des sorciers et des magiciens; Alexandre, avec ses douze pairs, descend au fond de la mer, monte au ciel et traverse des forêts aux arbres habités par les fées; Aristote, précurseur du Christ dans les choses naturelles, est thaumaturge, alchimiste et néo-platonicien; pour les auteurs de fabliaux et les sculpteurs, c'est « le philosophe sellé et bridé », qui sert de monture à la belle Campaspe, « l'amante d'Alexandre ».

La légende s'empare même des contemporains : de leur vivant, elle idéalise et grandit saint Anselme et saint François d'Assise; elle fait de Frédéric II une figure de l'Antechrist. Un siècle après sa mort, Charlemagne est le souverain à la barbe « chenue », qui, âgé de deux cents ans, combat les Sarrasins idolâtres; au nom duquel s'associent ceux de Roland et d'Olivier, de Turpin et de Ganelon. Gerbert, abbé de Bobbio, archevêque de Reims et de Ravenne, puis pape sous le nom de Sylvestre II, passe pour le disciple d'un nécromant arabe, dont il a séduit la fille et dérobé les livres, pour un magicien puissant qui, par son alliance avec

---

[1] Cf. Cousin, *Fragments philosophiques, philosophie du moyen âge*, 5ᵉ éd., Paris, 1865; Hauréau, *Singularités historiques et littéraires*, Paris, 1861; *Histoire de la philosophie scolastique*, 2ᵉ éd., Paris, 1872; Prantl, *Geschichte der Logik im Abendland*, t. II, 2ᵉ éd., Leipzig, 1885.

le démon, arrive aux plus hautes dignités, mais perd son âme et ressent, avant de mourir, tous les tourments de l'enfer où il va être précipité.

Plus d'une fois nous avons agi de même à l'égard des hommes du moyen âge. Pour Cousin, par exemple, Abélard est le fondateur de la philosophie médiévale, comme Descartes a inauguré celle des temps modernes. M. de Rémusat fait plus : dans le drame romantique dont il est le héros, Abélard meurt en proclamant la souveraineté de la raison, dont il annonce le triomphe futur et définitif. Or ce qui constitue peut-être l'originalité la moins contestable d'Abélard, c'est d'avoir été, avec Alexandre de Hales, le créateur de la méthode scolastique [1] qui, fondée sur l'autorité et pratiquée par saint Thomas, a été renversée par Descartes, quand il décida de n'admettre pour vrai que ce qu'il reconnaîtrait évidemment être tel. Roscelin n'a pas été, comme son disciple, poétisé et modernisé par les admirateurs d'Héloïse, mais sa doctrine et sa vie ont été transformées, à travers les âges, presque aussi complètement.

I

C'est de l'école du Bec, illustrée déjà par Lanfranc et par Anselme, que nous viennent, entre 1089 et 1099, les premiers documents sur Roscelin. Jean, peut-être un de ces moines que les maîtres envoyaient chez leurs rivaux pour savoir ce qu'ils enseignaient [2], adresse à Anselme, encore abbé du Bec, une lettre [3]

[1] Cf. *Bibliothèque de l'École des hautes études, section des Sciences religieuses*, t. VII, le mémoire intitulé : « Abélard et Alexandre de Hales, créateurs de la méthode scolastique. »

[2] C'est ainsi qu'Othric fut renseigné sur les doctrines de Gerbert, qu'Abélard sut ce que Roscelin disait de son traité sur la Trinité. Les termes dont se sert Jean, *movet quæstionem*, s'appliqueraient bien à une question soulevée dans une école.

[3] « Epistola Johannis ad Anselmum. Suo domino et patri Anselmo frater Johannes suus servus, quod domino servus, quod patri filius. Scimus certe, venerande pater, et vere scimus perspicacitatem vestram etiam in illis scripturarum nodis solvendo

d'une importance capitale, car Anselme ne semble avoir connu la doctrine de Roscelin que par elle, et ceux qui l'ont ensuite jugée ou exposée ont presque toujours pris celui-ci pour guide.

Confiant dans la perspicacité de son abbé, qui est capable de résoudre, à propos des saintes Écritures, les difficultés par lesquelles tant d'autres sont arrêtés, Jean le prie, pour le bien de la communauté chrétienne, de lui écrire, à lui et à quelques autres, ce qu'il pense des trois personnes de la Trinité. Car Roscelin de Compiègne soulève à ce sujet la question suivante : si les trois personnes sont seulement une chose, si elles ne sont pas trois choses en soi, comme trois anges ou trois âmes, de telle façon cependant que, par la volonté et la puissance, elles soient tout à fait identiques, il faut que le Père et l'Esprit saint aient été incarnés avec le Fils. Et il affirme que l'archevêque Lanfranc et Anselme en sont demeurés d'accord, après l'avoir entendu discuter. Mais d'un autre côté, l'unité et la trinité sont, pour saint Augustin, comme le soleil, qui est une seule et même chose, ayant en soi la chaleur et la lumière, dont elle ne peut être séparée : il est ainsi en opposition complète avec Roscelin, qui compare la Trinité et l'identité à trois anges ou à trois âmes.

Anselme avait dû s'excuser déjà d'avoir, dans le *Monologium*, après saint Augustin, employé, pour la Trinité, des expressions qui pouvaient paraître peu orthodoxes; certains passages en feraient

proficere in quibus *plerique alii* deficiunt. Quid igitur fides et simplex prudentia et prudens simplicitas vestra *de tribus deitatis personis* sentiat, ad communem utilitatem catholicorum diligentiam vestram mihi et *quibusdam aliis* scribere non pigeat. *Hanc enim inde quæstionem Rocelinus de Compendio movet. Si tres personæ sunt una tantum res, et non sunt tres res per se, sicut tres angeli, aut tres animæ, ita tamen ut voluntate et potentia omnino sint idem, ergo pater et spiritus sanctus cum filio incarnatus est. Dicit enim huic sententiæ domnum Lanfrancum Archiepiscopum concessisse et vos concedere se disputante.* Sed de tribus angelis et de tribus animabus trinitatis et identitatis similitudini isti illa sancti Augustini trinitatis et unitatis similitudo de sole, qui una et eadem res est, et calorem et splendorem inseparabiliter in se habet, omnino resistit. A Deo, de quo agitur, trino et uno integritas vestra incolumis conservetur in præsenti et in futuro. Amen. »

bien, a-t-on dit, un prédécesseur de Roscelin [1]. Aussi envoie-t-il à Jean [2] une brève réfutation de la doctrine trinitaire de Roscelin. Puis un concile va être réuni par l'archevêque de Reims. Anselme écrit à Falcon ou Foulques, évêque de Beauvais et ancien religieux du Bec : «Le clerc Roscelin, dit-il, affirme qu'en Dieu, les trois personnes existent séparément les unes des autres, comme trois anges, de façon toutefois que sa volonté et sa puissance soient une, — ou que le Père et l'Esprit saint sont incarnés; qu'on pourrait dire vraiment qu'il y a trois Dieux, si l'usage le permettait. Lanfranc est mort, mais ceux qui l'ont connu témoigneraient qu'il n'a jamais rien dit de semblable. » Pour ce qui le concerne, Anselme instruit Foulques de ce qu'il faut répondre, s'il est mis en cause. Il croit ce qui est contenu dans le symbole, et dit anathème à quiconque, homme ou ange, soutiendra comme vrai le blasphème attribué à Roscelin. Et Anselme indique comment il faut procéder avec un chrétien : «Ne pas l'écouter, ne lui demander aucune raison de son erreur, ne lui en rendre aucune de la vérité, l'anathématiser, s'il ne répudie l'erreur dont il est reconnu l'auteur. Car notre foi doit être défendue par la raison contre les impies, non contre ceux qui se reconnaissent chrétiens. »

Cette lettre n'a pas été examinée d'assez près. On y a bien noté les progrès de l'intolérance. Les orthodoxes ne discuteront plus, comme au temps de Jean Scot, de Gottschalk, de Bérenger, avec ceux qui sont accusés d'hérésie. Dans la chrétienté, qui entre en

---

[1] «Quod enim dixi summam Trinitatem posse dici tres substantias, Græcos secutus sum qui confitentur tres substantias in una essentia, eadem fide qua nos tres personas in una substantia. Nam hoc significant in Deo per substantiam quod nos per personam. — Roscelin met «tres res» au lieu de «tres substantias». — Ueberweg cite le passage suivant, peut-être moins rapproché que le précédent de la doctrine de Roscelin : «Omnes plures personæ sic subsistunt *separatim ab. invicem*, ut tot necesse sit esse substantias quot sunt personæ; quod in pluribus hominibus, qui quot personæ, tot individuæ sunt substantiæ, cognoscitur. Quare in summa essentia sicut non sunt plures substantiæ, ita nec plures personæ.»

[2] «Ad litteras quas mihi dilectio vestra misit *de illo qui* dicit in Deo tres personas esse tres res, aut Patrem et Spiritum sanctum cum filio esse incarnatum.»

lutte contre les Musulmans, tout hérétique devient un traître. Bientôt on fera croisade contre les Grecs, contre les Albigeois, et l'Inquisition scrutera les actes, les paroles et même les pensées de tout catholique.

Ce qu'il faut surtout relever [1], ce sont les mots *ab invicem separatas* et *tres deos vere posse dici si usus admitteret,* qui n'étaient pas dans les lettres précédentes. Cette addition distingue nettement Anselme de Roscelin, mais aussi rend ce dernier absolument trithéiste. Or si Foulques lut, au concile de Soissons, comme cela est assez vraisemblable, la lettre de celui que tous considéraient déjà comme un saint, et qui allait être primat d'Angleterre; si Roscelin fut accusé d'avoir parlé ainsi, sans pouvoir se justifier ou s'expliquer, il n'est pas surprenant que le peuple ait voulu le lapider. Il n'est pas surprenant non plus que Roscelin ne se soit pas laissé anathématiser, pour une doctrine qui n'était pas plus la sienne que celle d'Anselme [2]. On comprend enfin que le pape, renseigné par Anselme, mais aussi par Roscelin, ait pu considérer celui-ci comme orthodoxe.

Dans une troisième lettre, adressée d'Angleterre à Baldricus, Anselme demande la lettre qu'il a commencée contre Roscelin [3].

---

[1] «XLI ad Falconem. *Audio* (quod tamen absque dubietate credere non possum) *quia Roscelinus clericus dicit in Deo tres personas esse tres res ab invicem separatas, sicut sunt tres angeli, ita tamen ut una sit voluntas et potestas; aut Patrem et Spiritum sanctum esse incarnatum et tres deos vere posse dici si usus admitteret.* In qua sententia asserit venerabilis memoriæ archiepiscopum Lanfrancum fuisse et me esse... Nominatim quicunque blasphemiam, quam supra posui me audisse a Roscelino dici, pro veritate asseruerit sive homo, sive angelus, anathema est et confirmando dicam, quamdiu in hac perstiterit pertinacia, anathema sit. Omnino enim Christianus non est. Quod si baptizatus et inter Christianos est nutritus, nullo modo audiendus est, nec ulla ratio aut sui erroris est ab illo exigenda, aut nostræ veritatis illi est exhibenda, si mox ut ejus perfidia absque dubietate innotuerit, aut anathematizetur ab omnibus Catholicis, nisi resipuerit... *Fides enim nostra contra impios ratione defendenda est,* non contra eos qui se Christiani nominis honore gaudere fatentur.»

[2] «Separatim ab invicem» se trouve chez S. Anselme (note 1, p. 4).

[3] «Mittite mihi orationem ad S. Nicolaum quam feci et epistolam quam contra dicta Roscelini facere inchoavi.»

S'il l'a abandonnée, dit-il au pape dans le *De fide trinitatis*, c'est que celui contre qui elle était dirigée avait abjuré son erreur dans le concile réuni par l'archevêque de Reims, et que personne ne paraissait ignorer qu'il se trompait. Devenu archevêque, il a appris que l'auteur de cette nouveauté persévérait dans son opinion, ne l'ayant, disait-il, abjurée que parce qu'il craignait d'être mis à mort par le peuple.

Le traité qu'Anselme envoie à Urbain II serait tout entier à analyser, parfois même à citer, s'il s'agissait de faire connaître Anselme ou de montrer ce qu'était cette époque de foi fervente et intolérante, mystique et raisonneuse. Mais nous n'avons à y relever que ce qui concerne Roscelin.

D'abord Roscelin a abjuré ou plutôt réprouvé l'opinion qu'on lui attribuait; il n'a pas été condamné. Anselme parle de nouveauté, non d'hérésie. En outre, Anselme reproduit[1] deux fois le passage que nous avons relevé dans la lettre de Jean (*si tres personæ*, etc.), en n'ajoutant à *tres res per se* que *unaquæque separatim*; il n'écrit plus, comme à Foulques, *et tres deos vere posse dici si usus admitteret*, ce qui impliquait formellement le trithéisme. Même il établit la fermeté de sa foi, non, dit-il, pour la mettre hors de doute (*ad confirmandam illam*), mais parce que ses frères l'en prient. Or, s'ils l'en prient, n'est-ce pas qu'ils craignent de le voir soupçonné d'hérésie? Non à tort, car les disciples d'Abélard faillirent être lapidés par le peuple de Soissons, qui, peu d'années auparavant, avait brûlé un homme soupçonné de manichéisme.

Roscelin disait encore : «Les païens et les Juifs défendent leur loi, il faut que nous, chrétiens, nous défendions la nôtre.» Prantl[2]

---

[1] «Cum adhuc in Becci monasterio essem abbas, præsumpta est a quodam clerico *in Francia* talis assertio : Si in Deo, inquit, tres personæ sunt una tantum res; et non sunt tres res unaquæque per se separatim, sicut tres angeli, aut tres animæ, ita tamen ut potentia et voluntate omnino sint idem, ergo Pater et Spiritus Sanctus cum Filio est incarnatus.»

[2] P. 79, n. 315 : «Man beachte für jene Zeit die äusserst vernünftige Liberalität, auch den Juden und Heiden die dialektische Begründung ihres Glaubens zuzugestehen.»

le loue d'avoir reconnu aux païens et aux Juifs le droit de fonder leur croyance par la dialectique, et en fait presque un partisan de la tolérance. L'assertion est singulière. Roscelin se sert de l'indicatif (*defendunt*), qui constate ce qui existe, et non du subjonctif (*defendant*), qui seul autoriserait à supposer la reconnaissance d'un droit. En outre, Anselme, peu suspect sur ce point, écrit lui-même à Foulques qu'il faut défendre, par la raison, notre foi contre les païens[1]. Et ce fut une croyance fort commune dans l'Église médiévale, que l'on peut, que l'on doit même se servir de la raison pour amener les infidèles à la foi.

Roscelin s'appuyait certes sur la raison, car Anselme, qui veut faire résoudre les questions de foi par les théologiens versés dans les Écritures et non par les dialecticiens, entend lui démontrer son erreur par la raison même qui lui sert à se défendre (*ratione qua se defendere nititur*). En outre, sa doctrine, esquissée par Jean et Anselme, est fondée sur une démonstration indirecte : « Vous admettrez, dit-il, que les trois personnes sont trois choses en soi, comme trois anges ou trois âmes, de façon cependant à être identiques par la volonté et la puissance. Car si elles étaient une seule chose, le Fils ayant été incarné, vous seriez obligé d'accorder que le Père et le Saint-Esprit l'ont été; vous détruiriez la Trinité ou l'Incarnation. » C'est bien, d'ailleurs, ce que comprend Anselme : il ne veut ni accepter l'Incarnation du Père et du Saint-Esprit, ni reconnaître trois dieux et revenir au paganisme.

Mais il est admis aujourd'hui que la théologie de Roscelin est la conséquence de son nominalisme. Expliquer le mystère de la Trinité, pour un moderne, constitue, en principe, une tentative absurde, puisque la raison ne saurait saisir ce qui est donné comme surnaturel ou supra-rationnel. Celui qui l'entreprendrait supprimerait donc la Trinité, s'il était nominaliste, les personnes

---

[1] N. 1, p. 5. A plus forte raison ne saurait-on admettre, avec Cousin (page 93), que Roscelin essaye d'introduire, en théologie, une méthode nouvelle, et que *défendre*, dans le passage cité par Anselme, veut dire *expliquer*.

s'il .était réaliste. Mais, en fait, Roscelin a-t-il fait sortir sa doctrine théologique de ses opinions philosophiques? Le texte d'Anselme, partout cité, est partout tronqué et détourné de son sens
général, pour être appliqué à Roscelin. Après avoir dit que les
hommes versés dans l'Écriture, et non les dialecticiens, doivent résoudre ces questions, Anselme tire la conclusion suivante[1] : « Que
personne donc (*nemo ergo*) ne se plonge dans les questions com-
plexes sur la divinité, avant d'avoir une foi solide, des mœurs et
une sagesse éprouvées, de peur que, parcourant avec une légèreté
imprudente les sophismes aux replis multiples, il ne soit trompé
par quelque fausseté. Et, si tous doivent être avertis d'abord, avec

[1] «[Nemo ergo se temere immergat in condensa divinarum quæstionum, nisi
prius in soliditate fidei, conquisita morum et sapientiæ gravitate, ne per multiplicia
sophismatum diverticula incauta levitate discurrens, aliqua tenaci illaqueatur falsitate.
Cumque omnes, ut cautissime ad sacræ paginæ quæstiones accedant, sint commo-
nendi], *illi utique nostri temporis dialectici, imo dialecticæ hæretici*, qui non nisi flatum
vocis putant esse universales substantias et qui colorem non aliud queunt intelligere
quam corpus, nec sapientiam hominis aliud quam animam, prorsus a spiritualium
quæstionum disputatione sunt exsufflandi. In eorum quippe animabus ratio quæ et
princeps et judex omnium debet esse quæ sunt in homine, sic est in imaginationibus corporibus obvoluta, ut ex eis se non possit evolvere, nec ab ipsis ea quæ ipsa
sola et pura contemplari debet, valeat discernere. Qui enim nondum intelligit quomodo plures homines in specie sint unus homo, qualiter in illa secretissima et altis-
sima natura comprehendet quomodo plures personæ, quarum singula quæque est
perfectus Deus, sint unus Deus. Et cujus mens obscura est ad discernendum inter
equum suum et colorem ejus, qualiter discernet inter unum Deum et plures relationes
ejus. Denique qui non potest intelligere aliquid esse hominem, nisi individuum,
nullatenus intelliget hominem nisi humanam personam, omnis enim individuus homo
persona est. Quomodo ergo iste intelliget hominem assumptum esse a Verbo, non
personam, id est aliam naturam, non aliam personam esse assumptam.» — Cousin
et Prantl, comme Hauréau et Ueberweg, ne commencent la citation qu'à *illi utique
nostri temporis dialectici*. — Cousin et Hauréau négligent de traduire *utique* (surtout),
qui lie les deux parties de la phrase; Hauréau suit, en général, le texte de plus près.
Cependant nous avons essayé de le rendre dans son ensemble. Nous lisons : *ea quæ*,
les choses que, *ipsa sola et pura*, notre âme elle-même, seule et pure — et non,
comme Hauréau : *ea ipsa sola et pura*, les substances universelles. Sans doute, il
s'agit de la pensée de S. Anselme, non de celle de Roscelin; mais *pura* s'oppose à
obscura, *pura et sola* rappellent le Phédon (64. A sqq. 65. E αὐτῇ καθ'αὐτήν εἰλικρινεῖ
τῇ διανοίᾳ χρώμενος, etc.).

la plus grande prudence, les questions relatives à l'Écriture, ce sont surtout les dialecticiens de notre temps, ou plutôt les hérétiques de la dialectique, qui estiment que les substances universelles ne sont qu'un souffle de voix, qui ne peuvent comprendre, par la couleur, que le corps, par la sagesse de l'homme, que son âme, qui doivent être écartés de la discussion des questions spirituelles. Car, dans leurs âmes, la raison, principe et juge de tout ce qui est dans l'homme, est à ce point enveloppée par les imaginations corporelles, qu'elle n'en peut sortir et qu'elle est impuissante à en discerner ce que seule et pure elle doit contempler. En effet, celui qui n'a pas compris encore de quelle manière plusieurs hommes sont un seul en espèce, comment, dans cette nature très secrète et très haute, comprendra-t-il de quelle manière plusieurs personnes, dont chacune est un Dieu parfait, sont un seul Dieu ? Et celui dont l'âme aveugle ne peut discerner entre son cheval et la couleur de celui-ci, comment distinguera-t-il un Dieu unique de ses relations multiples ?... De quelle façon donc celui-là comprendra-t-il que l'humanité, non la personne, a été prise par le Verbe ? »

Donc, pour Anselme, les nominalistes ne sauraient comprendre le mystère de la Trinité. Et ceux-ci auraient pu en dire tout autant, d'ailleurs, de leurs adversaires. Mais il n'affirme pas que Roscelin a tiré sa doctrine trinitaire du nominalisme. Au contraire, dans un autre passage, qui, à notre connaissance, n'a jamais été relevé, il se demande si Roscelin est « de ces dialecticiens modernes [1], qui ne croient qu'à l'existence de ce qu'ils peuvent comprendre par leurs imaginations, s'il pense qu'il n'existe aucune chose dans laquelle il y ait des parties », etc. Et il n'en sait rien, car « il n'a pu connaître de Roscelin que ce qu'il en a rappelé auparavant » (ch. VI), c'est-à-dire les affirmations sur les trois personnes et sur

---

[1] « Quod si iste de illis dialecticis modernis est, qui nihil esse credunt, nisi quod imaginationibus comprehendere possunt, nec putat aliquid esse in quo partes nullæ sunt... De Spirito illius cui respondeo in hac epistola nihil potui videre præter illud quod posui. »

la nécessité, pour les chrétiens, d'imiter les païens et les Juifs en défendant leur loi.

II

Thibault d'Étampes est maître à Oxford. Roscelin, désigné comme clerc par Anselme, est pour lui un maître, qui s'est attaqué en Angleterre aux fils de prêtres, nés en dehors d'un mariage légitime et élevés aux dignités ecclésiastiques. Il lui recommande « de ne pas être plus sage qu'il ne faut » et s'étonne de « l'audace de ces petits hommes qui ne parlent pas ouvertement, mais en cachette, qui souillent toute la campagne de leur licencieuse promenade, et jugent indignes du sacerdoce ceux que Pierre et Jean affirment dignes du sacerdoce royal[1] ».

Yves, le célèbre canoniste, qui fut professeur et évêque de Chartres, est un condisciple d'Anselme, qui semble avoir été en relations d'amitié avec Roscelin. Il l'engage aussi à ne pas être plus sage qu'il ne convient : « Je sais, lui écrit-il, qu'après le concile de Soissons, tu as défendu avec beaucoup d'ardeur ton ancienne opinion, dans des discussions clandestines et devant des gens que nous connaissons bien l'un et l'autre, que tu as voulu leur faire accepter la doctrine que tu as abjurée et d'autres non moins insensées. » Si Roscelin a été dépouillé de ses biens par des hommes violents, avides et rapaces, Dieu l'a ainsi puni de l'avoir attaqué « avec une faconde armée de raisons humaines » (*humanis rationibus armata*), mais cependant inféconde. Yves ne demanderait pas mieux que de lui venir en aide et de l'accueillir, mais certains de ses concitoyens, curieux de connaître la vie d'autrui, peu soucieux de corriger la leur, prendraient Roscelin en haine et le suspecteraient lui-même. « Dès qu'ils apprendraient ton nom, dès qu'ils sauraient quel fut autrefois le sujet de tes entretiens, ils

---

[1] Remarquer les mots « quidam homunciones non palam, sed e latibulis loquentes, et totam campaniam libidinosa peregrinatione polluentes ». (D'Achery, *Spicilegium*, III, 142.)

courraient, selon leur coutume, aux pierres; ils t'en écraseraient et t'en couvriraient. »

Alors, comme à des époques plus rapprochées, on est prompt à massacrer les suspects, on ne s'inquiète pas d'être soi-même irréprochable, mais volontiers on s'enrichit à leurs dépens. Quant à Yves, il espère le retour de la brebis égarée.

III

Avec Abélard nous passons au xiie siècle. Des trois textes qu'on lui emprunte, le premier, tiré de l'Introduction à la théologie, et utilisé par Duchesne, Ueberweg, Hauréau, ne s'applique pas à Roscelin. D'abord, il ne ressemble en rien à ceux d'Anselme, dont on l'a rapproché : l'un parle de propriétés, qui sont des essences différentes des personnes et de Dieu, les autres considèrent les personnes comme trois choses. Ensuite, pour cet hérétique de Bourgogne que désigne l'Introduction à la théologie, le corps de Jésus avait, au berceau ou dans le sein de sa mère, la même grandeur que sur la croix; les moines et les religieuses, après leur profession publique, pourraient se marier, ce qui contredit manifestement les jugements que Roscelin portait, en Angleterre, sur les enfants des prêtres. Mais Abélard, dans sa lettre à l'évêque de Paris, où il ne ménage pas son ancien maître, n'accuse Roscelin que de trithéisme. Et c'est en France, nous a dit Anselme, non en Bourgogne, comme le conjecture Hauréau, que Roscelin a avancé son opinion [1].

Par le second texte, nous savons que Roscelin fut le maître d'Abélard; que pour lui les parties, comme les espèces, ne sont que des mots; qu'il combattait ses adversaires à propos de l'exemple

[1] Il y a, dit Abélard, des maîtres hérétiques et qui enseignent l'hérésie en France, en Bourgogne, en Anjou, en Berry : «Alter (le second) tres in Deo proprietates secundum quas tres distinguuntur personæ, tres essentias diversas ab ipsis personis et ab ipsa divinitatis natura constituit; ut scilicet paternitas Dei, vel filiatio, vel processio, res quædam sunt tam ab ipsis personis quam ab ipso Deo diversæ.» (Cf. n. 1, p. 6.)

classique du mur et de la maison, par une démonstration indirecte, analogue à celle dont il usait à l'égard de la Trinité [1].

La lettre d'Abélard à l'évêque de Paris, probablement Gilbert,
est depuis longtemps connue. Quelques-uns de ses disciples lui
ont rapporté que Roscelin, ayant lu son traité sur la Trinité,
spécialement destiné à le combattre, l'a injurié et menacé. A un
autre, Roscelin a dit que, dans cet opuscule, il voulait signaler
quelques hérésies. Abélard demande, comme il le fera vainement
d'ailleurs, à ses accusateurs de Soissons et de Sens, une sorte de
combat en champ clos, dont seront juges l'évêque et des catholiques discrets. Plus dur pour son ancien maître que les orthodoxes
Yves et Anselme, qui n'ont pas traité Roscelin d'hérétique, Abélard
l'appelle «l'antique ennemi de la foi catholique, le plus grand
adversaire de Dieu, emporté, arrogant et toujours orgueilleux,
dont l'hérésie détestable, établie au concile de Soissons, a été
punie d'exil, parce qu'il reconnaissait et prêchait trois Dieux.» Il
l'accuse d'avoir attaqué les gens de bien, d'avoir écrit contre Robert
d'Arbrisselle et contre Anselme, d'avoir été chassé honteusement
d'Angleterre comme de France, puis frappé de verges par les chanoines de Saint-Martin, qui n'ont pas même réussi à changer ses
habitudes. Enfin, ce pseudo-dialecticien est un pseudo-chrétien;
car n'admettant aucune chose dans sa dialectique, disant des parties qu'elles ne sont que des mots, il corrompt impudemment l'Écriture et serait forcé de dire que Jésus mangea une partie du mot
poisson, non une partie du poisson lui-même.

[1] ABEL, *De divis. et definit.*, p. 471 (éd. Cousin) : «Fuit autem, memini, magistri
nostri Roscellini tam insana sententia, ut nullam rem partibus constare vellet, sed
sicut solis vocibus species ita et partes adscribebat. Si quis autem rem illam, quæ
domus est, rebus aliis, pariete scilicet et fundamento, constare diceret, tali ipsum
argumentatione impugnabat : si res illa, quæ est paries, rei illius, quæ domus est,
pars sit, cum ipsa domus nihil aliud sit quam ipse paries et tectum et fundamentum,
profecto paries sui ipsius et ceterorum pars erit; at vero quomodo sui ipsius pars
fuerit? Amplius, omnis pars naturaliter prior est toto suo; quomodo autem paries
prior se et aliis dicetur, cum se nullo modo prior sit.»

Nous pouvons expliquer ou transposer les assertions d'Abélard. D'abord quand il dit : *Tres deos confiteri imo et prædicare*, il reproduit ce qu'Anselme écrivait à Foulques : *Tres deos vero posse dici si usus admitteret*. Comme Anselme encore, il rapproche le nominalisme de la doctrine suspecte sur la Trinité, mais il en fait expressément l'application à Roscelin. Or il ne dit pas que, selon Roscelin, Jésus mangea « une partie de ces mots », mais que Roscelin serait obligé (*cogatur*) de parler ainsi. C'est donc lui qui impose la conséquence à son maître, pour lui reprocher ensuite de « corrompre impudemment l'Écriture ». De même, par l'exil, Abélard indique sans doute que Roscelin ne fut pas plus accueilli dans les autres villes de France qu'à Chartres, où cependant Yves était bien disposé pour lui. Si Roscelin fut dépouillé de ses biens, ceux par qui il le fut, comme ceux qui menaçaient de le lapider, étaient des méchants bien plus que des défenseurs indignés de la religion méconnue. Si le roi d'Angleterre chassa Roscelin, c'est que les fils de prêtres et leurs pères soulevèrent un clergé plus soucieux d'exploiter la conquête nouvelle que de remplir ses devoirs sacerdotaux [1].

De cette lettre, on peut retenir encore que Roscelin « est devenu célèbre par le bruit que firent sa doctrine et sa manière d'agir »; qu'il n'expose guère ses idées en public, mais qu'il préfère les murmurer à l'oreille (*mussitet*).

IV

D'après tous les témoignages des contemporains, on pouvait croire que Roscelin n'avait rien écrit sur la théologie et la dialectique. C'est ce que faisaient entendre ou ce qu'affirmaient Brucker et Degérando, Tennemann, Cousin et Rousselot, même Hauréau.

[1] Sur Robert d'Arbrisselle et Anselme, Roscelin s'est expliqué lui-même dans la lettre que nous allons examiner. Sur les coups de verges donnés à Roscelin par les chanoines de Saint-Martin, Abélard s'en rapporte à la rumeur publique (*ut aiunt*).

Mais, en 1851, Schmeller trouvait, dans un manuscrit de Munich (Cod. lat. 4643), une lettre qu'il publiait dans les Mémoires de l'Académie de Bavière et que Cousin reproduisait, en 1859, dans ses Œuvres d'Abélard. Personne n'en a contesté l'authenticité [1]. Elle ne fait guère d'ailleurs que développer, confirmer ou expliquer ce que nous avons appris par les documents antérieurs. Roscelin reproche à Abélard d'avoir oublié ses devoirs de chrétien et de moine, comme les bienfaits de son maître, en écrivant, à l'Église de Saint-Martin de Tours, une lettre injurieuse pour elle et pour lui. Il démontre qu'il n'a pas été convaincu d'hérésie; qu'il n'a ni été chassé de « tout l'univers » à cause de sa « réputation infâme », ni été le persécuteur des gens de bien. Enfin il critique la doctrine trinitaire et surtout la vie d'Abélard. Écrite dans un latin parfois élégant et spirituel, cette lettre témoigne, par la puissance de l'invective et de la raillerie, par la hardiesse des expressions, grossières ou même ordurières, qu'elle a été composée non loin de la patrie de Rabelais [2]. Nous en extrairons ce qui fait mieux connaître l'homme, le théologien et le philosophe.

Roscelin est né, il a été élevé et instruit dans les églises de Soissons et de Reims [3]; Rome, la capitale du monde, l'a accueilli et écouté avec faveur; il est chanoine de Loches, de Tours et de Besançon,

[1] Au contraire, Hauréau a donné, dans la *Gallia christiana* (vol. XIV), une charte de Saint-Martin de Tours, où figure la signature de *Roscelinus de Compendio* et de Hildebert de Lavardin. Or, si Abélard disait que Roscelin s'était réfugié chez certains chanoines de Saint-Martin, aucun chroniqueur ne parle de sa retraite à Saint-Martin de *Tours*; le monument, qui date du xiii° siècle et débute par rappeler la lettre d'Abélard à l'église de Tours, n'est donc pas l'œuvre d'un faussaire. Ajoutons que la lettre à laquelle répond Roscelin correspond en plus d'un point à celle qu'Abélard a écrite à l'évêque de Paris.

[2] « Dieu a justement puni, par où il a péché, Abélard trois fois criminel avec Héloïse. Ce n'est ni un clerc, ni un moine, ni un laïque, ni un homme. » Voyez p. 16, note 2, le texte où Roscelin refuse à Abélard de l'appeler encore Pierre. Nous renonçons à citer, même sous leur forme latine, les phrases : *Sed valde tibi divina metuenda est justitia. . . . . Sed quasi ad fabulas nostræ detractionis. . . . .*, etc.

[3] « Testimonio Suessionensis et Remensis ecclesiæ. . . . . . *præfatarum* ecclesiarum testimonio apud quas et sub quibus et educatus et edoctus sum comprobabo. »

où il a enseigné, où, semble-t-il, il enseigne encore. C'est vrai-
semblablement à Loches qu'Abélard, avec beaucoup d'autres, fut
disciple de Roscelin, depuis son enfance jusqu'à son adolescence[1].

Il vénère les gens de bien : mais Robert d'Arbrisselle a-t-il bien
agi en refusant d'obéir à l'évêque d'Angers, en retenant des femmes
que réclamaient leurs maris, au risque de se rendre complice et
même auteur de l'adultère auquel il exposait ceux-ci? Anselme,
malgré la sainteté de sa vie et l'excellence de sa doctrine, n'a-t-il
pas eu tort de dire, dans le *Cur deus homo*, que Dieu ne pouvait
sauver le monde qu'en se faisant homme et en souffrant tout ce qu'il
a souffert? Comment, dès lors, Abélard s'étonnerait-il qu'on trouve
à redire dans ses paroles, lui qui n'a jamais étudié l'Écriture[2]?

L'homme a parfois des pensées vraiment chrétiennes et alors peu
communes. Abélard avait comparé à une caverne (*foveam*) l'église
de Saint-Martin, qui accueillit Roscelin; il aurait dû plutôt la comparer à celui qui fait lever son soleil sur les bons et sur les méchants, qui fait pleuvoir sur les justes et les injustes, qui est venu
sur la terre à cause de son grand amour pour les pécheurs, qui
les a accueillis et qui s'est assis à leur table, qui est descendu aux
enfers pour les délivrer de leurs tourments.

Le dialecticien se montre dans certaines formules qui rappellent

[1] «Cum et Roma, quæ mundi caput est, me libenter excipiat et audiendum li-
bentius amplectatur et audito libentissime obsequatur. Neque vero Turonensis ecclesia
vel Locensis, ubi ad pedes meos magistri tui discipulorum minimus tam diu rese-
disti, aut Byzantina ecclesia in quibus canonicus sum, extra mundum sunt, quæ me
omnes et venerantur et fovent et quod dico discendi studio libenter accipiunt.» — Le
pluriel *in quibus* nous force à dire que Roscelin fut chanoine des trois églises. Abélard
dit d'ailleurs qu'il l'était de Tours (in ipsa cujus pudore canonicus dicitur, beati Mar-
tini ecclesia). A quelle époque fut-il à Besançon? Ce n'est pas avant le concile, comme
le conjecture Hauréau, puisque nous ne pouvons (p. 11) appliquer à Roscelin le texte
de l'*Introductio ad Theologiam.* Voir notre résumé, § vi. — «Beneficiorum quæ tibi
tot et tanta, a puero usque ad juvenem, sub magistri nomine et actu exhibui oblitus.»

[2] «Cum te in sacræ scripturæ eruditione manifestum sit nullatenus laborasse.» —
Roscelin fait une remarque fort juste, dont aurait pu profiter plus d'un historien
d'Abélard. Car celui-ci attaque Anselme de Laon, le théologien, avant de s'être assi-
milé son enseignement.

l'école et le professeur [1]. Même il touche à la question si débattue du rapport des mots et des choses : les noms, dit-il, ont coutume de perdre leur sens, quand ce qu'ils signifient s'écarte de sa perfection; une maison à laquelle on enlèverait son toit ou son mur n'est plus qu'une maison imparfaite [2].

Le théologien use de sa raison, mais il tient surtout à établir son orthodoxie. Il n'avance rien qu'il n'appuie sur l'Écriture ou sur les Pères [3]. Il prouve, par le témoignage des églises de Soissons et de Reims, qu'il n'a pas été convaincu d'hérésie; par l'autorité de saint Augustin, qu'il ne saurait être tenu comme hérétique, puisqu'il a toujours été prêt à se corriger. Il a parlé de singularité, mais non comme Sabellius; il a maintenu, avec les Écritures, l'unité de ressemblance et d'égalité, mais il accepterait une formule meilleure. Ce qu'il veut, c'est, comme autrefois Anselme, ne pas dire avec Sabellius que le Père s'est incarné et a souffert, ou avec Arius, qu'il y a une pluralité de dieux; ce qu'il demande, c'est

[1] « Quæ sint refutanda *demonstremus*..... hæc tria modis omnibus *refello*..... procul dubio *constat*..... utrumque esse falsum *comprobabo*..... quod factum *quam irrationabiliter* considera..... multa enim ex hac Sabelliana singularitate videtur *consequi*..... de vitæ tuæ inaudita novitate disputemus et ad quantam ignominiam merito tuæ immunditiæ dilapsus sis *demonstremus*..... non *argumentari* sed eam fornicari docuisti..... neque clericum te esse habitus clerici *convincit* abjectio, sed multo minus laïcus es, quod coronæ tuæ satis *probat* ostensio. » — Les mots *igitur, ergo, itaque, enim, vero*, reviennent fréquemment, comme dans l'argumentation scolastique.

[2] « Sed forte Petrum te appellavi posse ex consuetudine mentiris; certus sum autem, quod masculini generis nomen, si a suo genere deciderit, rem solitam significare recusabit; solent enim nomina propria significationem amittere, cum eorum significata contigerit a perfectione sua recedere; neque enim ablato tecto vel pariete domus, sed imperfecta domus vocabitur; sublata igitur parte quæ hominem facit, non Petrus, sed imperfectus Petrus appellandus es. »

[3] « Divinarum scripturarum sententiis armatus...... non ex mea, sed ex auctoritate divina, quod mihi tenendum est roboretur. » — Il s'autorise de saint Paul et de saint Augustin pour reprendre Robert; il critique Anselme : « Ejus sententiam sanctorum doctorum quorum doctrina fulget ecclesia dicta vehementer impugnant »; Abélard, « huic singularitati, quam divinæ substantiæ tribuisti, sanctorum patrum Ambrosii, Augustini, Isidori scripta nequaquam consentiunt, etc. »

que Dieu le préserve de l'infidélité, éclaire son ignorance et lui révèle sa vérité [1].

V

Après sa polémique avec Abélard, Roscelin entre définitivement dans l'histoire. Voici d'abord ce que nous apprend d'incontestable l'*Historia francica* [2]. Vers 1087, il y avait, dans la philosophie divine et humaine, des hommes célèbres, parmi lesquels la postérité n'a guère connu que Lanfranc; il y avait aussi, avec de nombreux

[1] «Quod autem dicis, me unam singularem sanctæ Trinitatis substantiam cognovisse, verum utique est, sed non illam Sabellianam singularitatem, in qua una sola res, non plures illis tribus nominibus appellatur, sed in qua substantia trina et triplex tantam habet unitatem, ut nulla tria usquam habeant, nulla enim tria tam singularia, tamque æqualia sunt..... Dicas melius qui potest, Ego melius non valeo, sed neque quod dico importune defendo..... Ut igitur fidei christianæ navis inter utrumque scopulum currens illæsa pertranseat, summopere cavendum ne ad Sabellianæ singularitatis lapidem in quo patrem incarnatum et passum fateri necesse est, offendat, neque Arianæ pluralitatis periculum per prius et posterius per majus et minus substantiam variando incurrat, atque deorum pluralitatem enormitate varietatis inducat... ego autem divinarum scripturarum sententiis armatus similitudinis et æqualitatis imitatem defendens....., etc.»

[2] [«Hoc tempore tam in divina quam in humana philosophia floruerunt Lanfrancus Cantuariorum episcopus, Guido Longobardus, Maingaudus Teutonicus, Bruno Remensis qui postea vitam duxit heremeticam.] In dialectica [quoque] hi potentes exstiterunt sophistæ : Johannes qui eandem artem sophisticam vocalem esse disseruit, Rotbertus Parisiacensis, Roscelinus Compendiensis, Arnulfus Laudunensis. Hi Joannis fuerunt sectatores; qui etiam quamplures habuerunt auditores.» — Le texte, signalé par Du Boulay (*Hist. univ.*, Paris, t. I, p. 443), a été publié par Duchesne (*Script. histor. franc.*, t. IV, p. 88) et par dom Bouquet (*Recueil des histor. des Gaules et de la France*, t. XI, p. 160, et t. XII, p. 1). L'auteur anonyme conduit sa chronique jusqu'en 1110. Du Boulay et tous les historiens de la scolastique donnent le texte incomplet. Omettant les mots entre crochets, spécialement *Hoc tempore*, qui se rapporte à la mort de Guillaume le Conquérant en 1087, et *quoque*, qui établit une relation temporelle entre les philosophes et les dialecticiens cités, ils ont soulevé des hypothèses tout à fait inacceptables. Celle d'Oudin, d'Hauréau, de Prantl, qui confondent Jean le Sophiste avec Jean Scot Erigène, est contraire à la chronologie; Clerval, après du Boulay, parle de Jean le Sourd, médecin de Henri Ier, qui serait un philosophe, disciple de Bérenger, dont il fait un nominaliste; son hypothèse est purement gratuite. Cf. surtout HAURÉAU, t. I, p. 244-247; CLERVAL, *les Écoles de Chartres au moyen âge* (Paris, 1895).

disciples, des dialecticiens puissants, dont Roscelin seul a survécu. Que Jean, Robert et Arnulfe puissent avoir été des nominalistes, c'est ce que nous savons : 1° par Anselme, qui parle, vers 1093, des hérétiques de la dialectique, pour lesquels les substances universelles sont de purs sons (*flatus vocis*); 2° par Hermann de Tournay [1], qui, vers 1100, signale certains modernes, entre autres Raimbert, comme lisant la dialectique *in voce,* non *in re,* à la façon de Boèce et des anciens; 3° par les recherches de Cousin, d'Hauréau, de Barach, de Prantl, qui ont signalé, avant le xi° siècle, des théories nominalistes et réalistes [2].

Au milieu du xii° siècle, le théologien Othon de Frisingen (1109-1158), estimé comme historien et philosophe, voit en Roscelin le maître d'Abélard et le premier qui, à cette époque, institua la doctrine des mots (*sententiam vocum*). Comme il reproche à Abélard, sans même mentionner Roscelin, d'avoir imprudemment mêlé cette doctrine des noms ou des mots (*vocum seu nominum*) à la théologie, il est évident qu'il ne considère pas Roscelin comme hérétique [3]. Il n'est pas non plus question du théologien chez Jean de Salisbury, un des plus libres esprits, un des historiens, des philosophes et des écrivains les plus remarquables du moyen âge; mais, par lui, nous comprenons bien l'importance du dialecticien. Dans le *Polycraticus* [4], Jean disait que la doctrine des mots s'est

---

[1] HERIMANN, *Narr. Rest. Abb. S. Mart. Tornac.* (d'Achery, *Spicilegium*, t. II, p. 889).

[2] Prantl les résume (p. 82, n. 324): le Pseudo-Raban, Jépa (?), l'anonyme du ix° siècle, celui de Cousin, celui de S. Gall (*De interpr.*), Scot Erigène sont pour la *vox*; Heiric, l'anonyme de S. Gall (*De syllog.*) et Bérenger, pour le *sermo.*

[3] Sur Othon, on peut lire Prantl, p. 229 sqq. Surtout il faut consulter tout son texte (*De gest. Frid.*, I, 47, éd. Urstis. Franc. 1585, p. 433), depuis *Petrus iste* jusqu'à *quare de sancta Trinitate*, etc.

[4] *Polycrat.*, VII, 12 : «... eorum jam explosa sententia est et facile cum autore suo evanuit.» *Metal.*, II, 17 : «Naturam... universalium... omnes expediunt... alius ergo consistit in vocibus, licet hæc opinio cum Rocelino suo *fere* omnino jam evanuerit, etc.» — Notre interprétation chronologique des deux textes a, ce semble, l'avantage d'expliquer ce qui avait paru contradictoire à Prantl : il y a eu, avant et après Roscelin,

évanouie avec son auteur; dans le *Metalogicus*, il restreint la portée de cette assertion. C'est que, sur cette question des universaux, qui prime alors toutes les autres, huit des treize solutions qu'a relevées Prantl sont encore soutenues, et que parmi elles figure celle de Roscelin, comme celles d'Abélard, de Gilbert, de Bernard le Chartrain, de Gauslin, etc. Roscelin a donc eu des héritiers comme il avait eu des disciples, avant et après le concile de Soissons. Son nom était lié à ceux d'Anselme, d'Yves et de Thibault, d'Abélard et de Guillaume de Champeaux. Personne n'était plus qualifié, entre ceux qui avaient professé la théorie des *voces*, pour être le premier représentant du nominalisme au moyen âge.

En 1180 mourait Jean de Salisbury. Déjà l'archevêque de Tolède, Raimond, avait fait traduire, par Jean d'Espagne et Dominique Gundisalvi, des ouvrages grecs, arabes et juifs. La prise de Constantinople, en 1204, donna à l'Occident des manuscrits. On eut, en latin, tout Aristote, des Grecs et des Byzantins, des néoplatoniciens et des savants, des Arabes comme Avicenne et Averroès, des juifs comme Avicebron et Maimonide. A ceux qui étaient ainsi les maîtres, pour une bonne partie, du savoir, hypothétique ou réel, qu'avaient accumulé les trois civilisations, remarquables entre toutes, avec lesquelles ils avaient pris contact, les querelles sur les universaux parurent mesquines.

Quand, après Pierre Auriol et Durand de Saint-Pourçain, Occam renouvela le nominalisme, il se mit en opposition avec saint Thomas, qui allait devenir un Père de l'Église catholique, et avec la papauté; il admit implicitement que le nominalisme aboutissait à une doctrine hétérodoxe sur la Trinité; il prépara la conception des deux vérités, si précieuse pour les adversaires du christianisme. Le nominalisme, plusieurs fois condamné par l'Université de Paris, transmis par Gabriel Biel à Mélanchthon et à Luther, apparut de plus en plus comme contraire à l'orthodoxie, comme favorable

des nominalistes, mais c'est par lui que la doctrine des *voces* a pris la place qui lui revenait dans la querelle des universaux.

aux nouveautés, même aux systèmes d'où était éliminé le christianisme. Surtout les nombreux et énormes in-folio où ses représentants examinent toutes les questions qui relèvent des sciences positives, de la métaphysique et de la théologie, de la morale et de la politique, sont hors de proportion avec les quelques lignes qui résument pour nous la philosophie et la théologie de Roscelin.

C'est alors que commence à se former la légende, par le rapprochement des deux générations si profondément différentes de nominalistes. Aventin (1476-1554), l'auteur des *Annales de Bavière*, applique déjà à Roscelin des expressions qui ne conviennent bien qu'aux nominalistes du XIVe siècle [1]. Le cistercien Jean Caramuel y Lobkowitz, né en 1606, ne distingue pas entre les deux écoles, séparées par deux siècles d'intervalle; du Boulay, mort en 1678, considère Jean le Sophiste comme le prince et le chef des nominalistes [2].

Si l'Allemagne continue à s'occuper des universaux [3], la France, après Descartes, ne veut plus connaître le moyen âge; même ceux qui ramènent toute la philosophie à l'étude de l'origine et de la valeur des idées, ne s'occupent guère de leurs prédécesseurs. Les nominalistes, dit simplement Condillac, soutenaient une bonne

---

[1] Les vers cités par Degérando et Hauréau sont d'un réaliste, qui veut lire la dialectique *in re*, non *in voce*. Mais, dans le texte rapporté par Prantl, *novam philosophandi viam*, s'applique à Occam, qui aborde tous les domaines, non à Roscelin, qui n'est nominaliste qu'en dialectique; *locuples in rebus procreandis* suppose, semble-t-il, la formule d'Occam, *entia non sunt multiplicanda præter necessitatem*, et les doctrines thomistes, surtout scotistes.

[2] Caramuel dit, de Roscelin, dans son *Bernardus triumphans* : «Nominalium sectæ non autor, sed auctor». On s'étonne que Hauréau et Ueberweg aient cru devoir examiner, comme une source contemporaine ou comme une autorité considérable, le témoignage d'un homme qui a été si maltraité par Pascal et saint Alphonse de Liguori, par Brucker et l'abbé Monchamp. — Du Boulay, *Hist. univ.*, Paris, t. I, p. 443 : «Nominalium princeps et antesignanus Joannes quidam cognomento Sophista, de quo sic Auctor historiæ a Roberto rege ad mortem Philippi primi : in dialectica, etc.» Cf. p. 17, n. 1, le texte de l'*Historia francica* et les remarques que nous y avons jointes.

[3] Il suffit de renvoyer au travail de Nostitz-Rieneck sur Leibnitz et la scolastique. Cf. *Revue ph.*, janvier 1896, § VIII.

thèse par de mauvaises raisons. Mais Condorcet, par la théorie du progrès, rend à l'histoire l'importance qu'elle avait perdue. Le moyen âge n'est plus seulement une époque de barbarie ; la scolastique a aiguisé les esprits et produit l'analyse philosophique. Pour Degérando, la discussion entre réalistes et nominaux, que Roscelin fit éclore, n'est autre chose que la question fondamentale de l'origine des idées, qui a occupé les plus grands philosophes ; Condillac aurait dû retrouver tous les germes de son système chez les nominaux, qui ont en outre préparé la réforme religieuse et scientifique, qui ont rendu aux esprits une précieuse indépendance. Tennemann, que traduisait Cousin, donnait comme représentants du nominalisme, mal vu pour son esprit d'indépendance, Roscelin, qu'il conduisit à des propositions hérétiques sur la Trinité, et Occam, *qui mourut persécuté, mais non dompté*. Enfin, avec Joseph de Maistre et Lamennais, qui ne ménagent pas plus Descartes et Bacon, Bossuet et les gallicans, que Voltaire et Rousseau, Diderot et d'Holbach, le romantisme ne se contente plus de rendre justice au moyen âge, il en fait l'apologie.

Avec Cousin, la légende de Roscelin se complète, par une fusion systématique et éloquente des éléments précédents. C'est trois ans après l'apparition de *Notre-Dame de Paris,* que Cousin publiait les *Ouvrages* inédits d'Abélard. Abélard, chanté par les poètes et resté populaire par Héloïse, devenait le principal fondateur de la philosophie au moyen âge, le précurseur de Descartes, père de la philosophie moderne. Cousin, éditeur de l'un et de l'autre, apparaissait comme leur héritier, mais comme un héritier qui transforme et augmente ce qu'on lui a transmis. Or l'éclectisme est également éloigné de l'école théologique et de l'école sensualiste, ainsi que la monarchie de 1830 est intermédiaire entre la royauté de droit divin et la république. Le représentant de l'école théologique au xie siècle, c'était Anselme, canonisé par l'Église, plus grand pour la postérité que pour ses contemporains eux-mêmes. En face de lui, comme représentant de l'école sensualiste, Roscelin est grandi de tout ce qu'ont fait Occam, Pierre d'Ailly et Gerson, même Luther; de ce qu'ont fait les empiriques modernes, Gassendi, Hobbes et Condillac. C'est un esprit indépendant et hardi, dont la constance ne s'est jamais démentie, car d'aucun texte on ne peut conclure qu'il se soit rendu et qu'il ait fait ses soumissions; c'est un novateur qui, en théologie, attaque le dogme fondamental du christianisme, qui, en philosophie, trouble l'école avec le nominalisme; qui mit le comble à ses malheurs et poussa *son rôle jusqu'au bout*, en s'en prenant à la plus grande puissance du temps, à la puissance ecclésiastique. « Roscelin et Occam sont les héros du nominalisme et ils en ont presque été les martyrs. Mais Occam devançait à peine son temps...; il avait... la moitié de son siècle (contre l'autorité papale), et il s'appuyait sur un roi et sur un empereur. A la fin du xie siècle, Roscelin combattit et souffrit sans espérance. »

Mieux encore qu'Abélard, Roscelin, ainsi enrichi, transformé et modernisé, eût pu devenir le principal personnage d'un drame romantique, qui aurait rappelé les héros de Shakespeare, de Byron et de Chateaubriand [1]. Avec Rousselot, le caractère s'exagère; il n'est peut-être pas beaucoup plus faux, historiquement parlant, mais il est plus incohérent et moins bien composé : Roscelin a abjuré, pour ainsi dire, tous les dogmes de la religion dont il était ministre; il eut la gloire d'être la première victime dans la lutte de la philosophie contre le principe d'autorité; il représente au xie siècle les libres penseurs de l'ancienne Grèce et il se pose comme partisan de l'unité de substance, en formulant un matérialisme plus net que celui du xviiie siècle [2]; il défend la cause de la philosophie, celle de l'avenir, etc. Quant à Hauréau, qui a consacré un curieux chapitre à la lettre où Roscelin se défend d'être hérétique, sa

[1] Cousin parle même de « l'inquiétude » (comme de l'opiniâtreté) de son esprit et de son âme (p. 99). Ne croirait-on pas qu'il s'agit de René?

[2] Rousselot va jusqu'à écrire: « Le rapport de la coexistence éternelle des trois personnes de la Trinité n'est qu'un mot, *flatus vocis;* le tout composé de ces trois personnes n'est qu'un mot, *flatus vocis*, et la Trinité n'est qu'un mot, *flatus vocis*. » (*Études sur la philosophie dans le moyen âge*, I, p. 168.) Quel théologien, quel nominaliste a jamais parlé ainsi?

sympathie pour les nominalistes semble l'avoir empêché d'oublier la légende qui faisait de Roscelin un « héros et un martyr [1] ».

VI

Les légendes ont leur beauté; elles ont même leur utilité, quand elles résument, sous une forme vive et attachante, une période de la pensée humaine. Mais à une condition, c'est qu'on sache ce qu'elles enferment de vrai, ce qu'elles condensent de réalité, puisée chez différents personnages et à diverses époques, sur un seul personnage et en quelques années de sa vie. Au Roscelin de la légende, opposons donc celui de l'histoire, tel que nous l'a montré l'examen scrupuleux et circonspect des textes.

Roscelin, élevé et instruit dans les églises de Soissons et de Reims, naquit sans doute à Compiègne [2]. Dès 1087, il enseigne la dialectique en nominaliste et il a beaucoup d'auditeurs; il est en relations avec Lanfranc, Anselme, Yves de Chartres, ce qui pourrait faire croire qu'il fréquenta l'école du Bec. Vers 1089, un moine de cette abbaye, Jean, l'entend exposer sur la Trinité une doctrine que Roscelin affirme avoir été acceptée par Lanfranc et Anselme, mais qu'il estime contradictoire avec celle de saint Augustin. Jean avertit Anselme et peut-être d'autres théologiens. Roscelin est appelé devant un concile comme suspect d'hérésie. Le peuple — c'est alors et en bien d'autres temps la coutume — ne distingue pas entre un coupable et un accusé : il menace de lapider Roscelin. Les Pères du concile n'ont aucun écrit : Foulques a une lettre d'Anselme qui résume et accentue le témoignage de Jean. Selon le conseil d'Anselme, on lit à Roscelin cette formule, manifestement

---

[1] « C'est un grand nom... martyr du rationalisme... Disons quel tumulte il causa dans l'Église en exposant son opinion sur la Trinité... hérésie plus téméraire et plus scandaleuse que celle de Bérenger... On n'a pas assez loué son courage », etc.

[2] Seul Aventin le présente comme Breton. Roscelin se dit *né* dans la province ecclésiastique (évêché de Soissons, archevêché de Reims), où il a été élevé et instruit. Il signe *Roscelinus de Compendis* et il est ainsi désigné dans la plupart des documents.

hérétique, puisqu'elle parle de trois dieux, sans lui permettre de
s'expliquer ni de la discuter. Roscelin la repousse ou jure qu'il ne
pense pas ainsi (*abjurasse*). Il n'est donc pas condamné par le
concile. Mais des méchants le dépouillent de ce qu'il possède [1];
les évêques, craignant qu'on ne le lapide et qu'on ne les suspecte,
refusent de le recevoir dans leurs églises. Roscelin se rend en Angleterre. Il parcourt les campagnes et s'élève contre les fils de
prêtres et les autres enfants illégitimes, qu'on appelle à des dignités ecclésiastiques : il est attaqué par Thibault d'Étampes et
soulève contre lui le clergé d'Angleterre. Il s'aliène le primat, Anselme, parce qu'il reprend son ancienne opinion sur la Trinité, en
disant qu'il l'avait abjurée pour ne pas être massacré par le peuple;
peut-être aussi que celle dont on lui avait donné lecture n'était pas
la sienne. Roscelin quitte l'Angleterre. Yves, qui ne peut le recevoir, lui conseille de se convertir, de revenir à la simplicité de la
foi. Les papes avaient protégé Bérenger contre ses compatriotes;
Roscelin se rend à Rome, où on l'accueille et l'écoute avec faveur.
Réconcilié avec l'Église, il revient et, comme le lui avait annoncé
Yves, il est bien reçu partout et pourvu de bénéfices : d'abord il
est chanoine à Besançon, puis à Loches, puis à Saint-Martin de
Tours, où il a signé un jour une charte avec Hildebert de Lavardin. Partout il continue à enseigner et son nom est assez célèbre
pour qu'Abélard, longtemps son disciple à Loches, l'attaque comme
il a attaqué Anselme de Laon et Guillaume de Champeaux. Mais
Roscelin est orthodoxe et peut invoquer les témoignages des églises
de Besançon, de Loches, de Tours, même de Reims et de Soissons. Il termine sa vie en paix et il reste, pour ses successeurs,
le maître d'Abélard et le fondateur du nominalisme ou plutôt de
la doctrine des *voces*, puisque les partisans des *sermones* et des
intellectus sont aussi des nominalistes.

---

[1] Les termes d'Yves, *rebus suis nudavit* et *beneficiis poteris ampliari*, les expressions par lesquelles on le désigne à cette époque, *clericus, magister*, indiquent qu'il
n'était pourvu d'aucun bénéfice; les *res* provenaient sans doute de son enseignement.

Ce ne fut donc ni un héros ni un martyr. Ce ne fut pas non plus un homme médiocre, si l'on en juge par Anselme, Yves et Thibault. Quoiqu'il ait, comme maître, eu du succès pendant près de trente années, il semble réserver, au moins après le concile de Soissons, ses doctrines préférées [1] pour des entretiens particuliers. C'est un chrétien qui tient à rester orthodoxe, mais qui semble accorder à la morale une place considérable : c'est pour cela qu'il attaque le clergé d'Angleterre, Robert d'Arbrisselle et surtout Abélard. Et c'est un libre esprit qui, se montrant sévère pour lui-même, entend conserver le droit de juger les autres, même un Robert d'Arbrisselle et un Anselme de Cantorbéry, qu'il s'agisse d'ailleurs de pratique ou de spéculation. Parfois grossier, comme les hommes d'alors, il sait composer, raisonner et écrire, même avec esprit.

Le dialecticien est puissant par son mode d'argumentation, comme le dit l'*Historia francica;* il use volontiers de la démonstration indirecte; il ramène à des mots (*voces*) les espèces et les genres, comme les parties d'un tout.

Le théologien a parlé surtout de la Trinité. Il n'a pas été hérétique : ni Othon, ni Jean de Salisbury, ni Anselme ne disent, comme Abélard, qu'il fut condamné. Et s'il l'avait été, ils n'auraient pas manqué de l'indiquer, comme de nous apprendre de quelle peine il avait été frappé. N'est-ce pas ainsi que les choses se passèrent pour Gottschalk et pour Abélard lui-même? Puis les raisons que donne Roscelin montrent clairement, comme son abjuration à Soissons, comme tout ce que nous savons de sa vie, qu'il s'est attaché à rester en paix avec l'Église. Et il y a réussi, puisqu'il est mort chanoine de Saint-Martin de Tours. Enfin ce que nous connaissons de sa doctrine ne nous autorise pas à y voir une hérésie. Écartons les mots — *tres deos vere posse dici si usus admitteret* — dont on retrouverait à peu près l'équivalent chez les Pères grecs, mais qui ne peuvent être attribués à Roscelin, il reste qu'il

[1] Voir les termes dont se servent Anselme, Thibault, Yves; Abélard.

a signalé une grosse difficulté à propos de la Trinité; que peut-être même, en raisonnant rigoureusement, on éviterait difficilement de tomber dans la sabellianisme ou dans l'arianisme. Mais les hommes de cette époque, comme on peut le voir par les conciles où fut condamné Abélard, ne sont à comparer, pour l'érudition théologique et la puissance du raisonnement, ni aux hommes du xiii° siècle, ni à Jean Scot ou même à Gottschalk. Et Roscelin veut surtout n'être pris ni pour un sabellien, ni pour un arien.

Est-il rationaliste en théologie ? Nous pouvons affirmer qu'il a toujours usé du raisonnement, avant et après le concile de Soissons [1]; mais, en dehors des mystiques, tous les théologiens procèdent de même. Et si l'on entend par rationaliste celui qui ne part pas de prémisses empruntées à l'Écriture, qui ne se laisse pas arrêter dans ses raisonnements par l'Écriture, les Pères ou les Conciles, il est évident que Roscelin ne l'est pas.

A-t-il tiré sa doctrine théologique de sa doctrine philosophique? Anselme crut que des nominalistes ne pouvaient comprendre la théorie orthodoxe de la Trinité; mais il n'a pas dit que Roscelin fût trithéiste, parce qu'il était nominaliste. Abélard a établi, par déduction, que la dialectique de Roscelin devait aboutir à l'hérésie, mais non que Roscelin a fait sortir sa doctrine de la Trinité de son nominalisme.

En résumé, Roscelin fut un homme remarquable pour l'époque où il vécut. Il est, pour la postérité, un de ceux dont elle conserve le nom, que la légende peut grandir aux dépens de ses successeurs, mais que l'histoire ne comparera jamais à Jean Scot ou à Gerbert, à S. Anselme ou à Jean de Salisbury.

---

[1] Cf. p. 7, p. 16, n. 1. — Ce que publie Hauréau (*Not. et Extr. de manuscrits latins.* Paris, 1892, V), *Sententia de universalibus secundum magistrum R.*, est-il de Roscelin? Rien ne le prouve. — La publication de Stölzle, *Abælard's verloren geglaubter Traktat de unitate et trinitate divina*, en admettant — ce que nous n'avons pas ici à discuter — l'authenticité du texte, ne nous apprend rien sur Roscelin.

RAPPORT SOMMAIRE SUR LES CONFÉRENCES
DE L'EXERCICE 1895-1896.

A la demande du Conseil de la Section, M. le Ministre de l'instruction publique a créé, au début de l'année 1896, une nouvelle conférence consacrée à l'*Histoire du judaïsme talmudique et rabbinique*. Depuis la disparition de la conférence de M. Joseph Derenbourg dans la IV° Section de l'École des Hautes études, le Talmud et l'histoire du judaïsme rabbinique n'étaient plus étudiés nulle part dans l'enseignement public. L'importance du rôle du judaïsme post-biblique, comme intermédiaire entre les civilisations de l'antiquité et notre civilisation médiévale, a décidé le Conseil à demander au Ministre de bien vouloir combler cette lacune en affectant à cet ordre d'études la nouvelle conférence dont la création avait été décidée, de préférence à d'autres parties de l'histoire religieuse dont l'adjonction au programme de la Section serait très désirable, mais ne peut pas encore être effectuée, faute des ressources nécessaires.

Par arrêté ministériel du 14 février 1896, M. Israël Lévi, professeur au séminaire israélite, a été nommé maître de conférences pour l'*Histoire du Judaïsme talmudique et rabbinique*.

M. A. Foucher, maître de conférences pour les religions de l'Inde, a été autorisé par M. le Ministre de l'instruction publique à s'absenter à l'effet de remplir une mission archéologique aux Indes, pour laquelle l'Académie des inscriptions et belles-lettres a voté une subvention. La conférence sur les religions de l'Inde a été faite par M. Finot, collègue de M. Foucher, appartenant à la IV° Section de l'École.

M. Amélineau, maître de conférences pour les religions de l'Égypte, a été autorisé à s'absenter pendant une partie du semestre d'hiver, pour diriger des fouilles en Égypte. Les résultats de ses recherches ont été communiqués à l'Académie des inscriptions et belles-lettres.

M. Zeitlin, rabbin, a obtenu le titre d'élève diplomé par un mémoire sur *Les divinités féminines du Capitole*.

La Bibliothèque de la Section s'est accrue d'un volume auquel tous les membres du Conseil et les professeurs de cours libres ont collaboré, à l'occasion du dixième anniversaire de la fondation de la Section des sciences religieuses. C'est le tome VII de la collection : *Études de critique et d'histoire, deuxième série* (Paris, Leroux; 1896). Il comprend les mémoires suivants :

Avant-propos par M. Albert Réville.

Les coutumes funéraires de l'Égypte ancienne comparées avec celles de la Chine, par M. E. Amélineau.

Sur le caractère religieux du tabou mélanésien, par M. L. Marillier.

Les donations religieuses des rois de Valabhi, par M. Sylvain Lévi.

Les scènes figurées de la légende de Bouddha, par M. Alfred Foucher.

Le poète antéislamique Imrou'ou'l-Kais et le dieu arabe Al-Kais, par M. Hartwig Derenbourg.

Les sources historiques de la Bible (Juges-Samuel-Rois), par M. Maurice Vernes.

Note sur un vers de Virgile, par M. A. Sabatier.

De l'influence du Timée de Platon sur la théologie de Justin Martyr, par M. Eugène de Faye.

La christologie de Paul de Samosate, par M. Albert Réville.

Abélard et Alexandre de Hales, créateurs de la méthode scolastique, par M. F. Picavet.

Le serment des inculpés en droit canonique, par M. A. Esmein.

L'instruction religieuse dans les premières communautés chrétiennes, par M. Jean Réville.

Une grande lutte d'idées dans la Chine antérieure à notre ère : Meng-tse, Siun-tse, Yang-tse et Meh-tse, par M. Léon de Rosny.

L'idée de la Μοῖρα dans les épopées homériques, par M. André Berthelot.

Étude d'eschatologie : vision de Gorgorios. Un texte éthiopien inédit, par M. J. Deramey.

La religion d'Assurbanipal (667-647 av. J.-C.), par M. A. Quentin.

Quelques mots sur les panthéons de l'Amérique centrale et sur leurs rapports avec les panthéons mexicains, par M. G. Raynaud.

MM. Deramey, Quentin et G. Raynaud ont continué pendant l'année 1895-1896 les cours libres qu'ils avaient professés pendant l'année précédente.

Quarante et un élèves stagiaires ont été nommés élèves titulaires par arrêté ministériel du 3 janvier 1896.

Pendant l'année 1895-1896, il a été tenu vingt-huit conférences d'une heure ou de deux heures par semaine, pour lesquelles trois cent dix-huit élèves ou auditeurs se sont fait inscrire. La grande majorité (238) appartient à la nationalité française; 80 inscrits sont étrangers et se répartissent entre dix-neuf nationalités différentes : 16 Anglais, 11 Suisses, 11 Américains, 8 Russes, 7 Allemands, etc. Les grandes écoles qui fournissent le plus d'élèves et d'auditeurs à la Section sont : la Faculté de théologie protestante, la Faculté des lettres, la Faculté de droit, l'École des langues orientales vivantes et l'École des chartes.

Le dixième anniversaire de la fondation de la Section des sciences religieuses a été célébré le 2 mars, à l'hôtel des Sociétés savantes, par un banquet, auquel assistaient M. Liard, directeur de l'Enseignement supérieur, représentant M. le Ministre de l'instruction publique, empêché, M. Gabriel Monod, président, et M. Châtelain, secrétaire de la Section des sciences historiques et philologiques, les membres de la Section des sciences religieuses, M. Finot, suppléant M. Foucher, les professeurs de cours libres et quelques élèves diplômés. Des discours ont été prononcés par M. Albert Réville, président de la Section, M. Liard, M. Gabriel Monod, M. Sabatier et M. Esmein. La plus franche cordialité n'a cessé de régner dans cette réunion, bien propre à faire ressortir l'harmonie que l'amour de la science désintéressée peut faire régner entre des hommes d'origine, de tendances, de confessions différentes, attachés à une même œuvre de recherches scientifiques sur les religions. Les discours de M. Albert Réville et de M. Gabriel Monod ont témoigné de la bonne confraternité établie entre la Section des sciences historiques et philologiques et la Section des sciences religieuses. M. Sabatier a porté la santé du Président de la Section et a relevé, au nom de ses collègues, la part qui revient à M. Albert Réville dans le succès de l'œuvre commune. M. Esmein a associé le Secrétaire à ce précieux témoignage des membres du Conseil envers le bureau.

Pour caractériser la nature de notre institution et les conditions dans lesquelles elle est née, nous donnons ici les discours de M. Albert Réville et de M. Liard, que nous reproduisons avec l'autorisation de ceux qui les ont prononcés :

DISCOURS DE M. ALBERT RÉVILLE.

«Monsieur le Directeur, délégué du Ministre de l'instruction publique,
«Messieurs et chers collègues,

«Il y a dix ans, sous le ministère de M. Goblet, M. Liard, notre convive ici présent, dirigeant alors comme aujourd'hui l'administration de l'Enseignement supérieur, un rouage nouveau venait sans bruit et tout modestement s'ajouter à l'imposante organisation de nos hautes écoles. Pour combler une lacune toujours plus sentie dans l'ensemble des études universitaires, la Section des sciences religieuses ouvrait à la Sorbonne des cours spéciaux de recherches érudites, ayant pour objet défini les religions qui se sont partagé et se partagent encore l'humanité. Elle prenait donc rang parmi les sections dont l'ensemble constitue cette École des Hautes Études qui a si vaillamment contribué à relever le niveau de la science nationale et qui est un des titres de son fondateur, M. Duruy, à la reconnaissance du pays, de ceux-là surtout qui savent tout ce qu'un pays doit de bonne renommée et d'influence à ses mérites scientifiques et littéraires.

«L'entreprise était originale et sans précédent. On n'avait encore vu nulle part un collège comme le nôtre, réunissant des hommes d'origine et de dénomination diverses dans l'étude continue et simultanée des documents et des monuments de ces grandes manifestations de l'esprit humain qui se rattachent à l'un des côtés les plus intéressants et les plus féconds de la nature humaine, mais que, pour des raisons inutiles à développer en ce moment, on croyait devoir, chez nous surtout, confiner dans une enceinte réservée, interdite aux profanes, devant laquelle d'ailleurs ceux-ci passaient le plus souvent indifférents. Sans doute, et moins que personne je ne saurais l'oublier, quelques années auparavant et dans le sentiment grandissant qu'il y avait dans cette mise à l'écart quelque chose de factice et de fâcheux, on avait créé au Collège de France une chaire nouvelle d'Histoire des religions. Mais qu'était-ce qu'un seul homme et un seul cours pour traiter un sujet aussi immense? Il ne pouvait qu'amorcer et préparer une organisation bien plus en rapport avec cette immensité que son savoir et son dévouement personnels, et vous me permettrez, Messieurs, de vous dire, dans la certitude où je suis d'exprimer exactement la pensée de celui qui occupe cette chaire, qu'il regarda et regarde toujours l'existence de notre Section comme la consécration démonstrative de la pensée libérale et vraiment scientifique dont la première réalisation lui a été confiée.

«Nous devions au caractère novateur lui-même de notre fondation de la justifier par notre prudence et notre attachement scrupuleux à l'esprit qui l'avait inspirée. Il ne s'agissait ni de propagande, ni de controverse, ni de conclusions à formuler pour ou contre une religion quelconque. Notre tâche était uniquement, sous l'égide du principe du plus libre examen sans lequel il n'est pas de science digne de son nom, d'étudier des faits, des témoignages, des textes, d'en faire ressortir le sens et la valeur, d'y appliquer les fécondes méthodes de la critique moderne et de ne jamais permettre à la passion théologique d'envahir le *templum serenum* de l'érudition pure et simple qui nous était ouvert. J'ose proclamer ici que nous y avons été fidèles. Dans l'obscurité laborieuse à laquelle nous vouait ce parti-pris qui était un devoir, nous avons pu, bien que de date récente encore, apporter déjà un contingent considérable à l'ensemble des connaissances spéciales que nous sommes chargés d'enrichir, un contingent destiné à grandir. Les auditeurs, les élèves ne nous ont pas manqué. L'étranger nous en a fourni comme le pays, et chaque année voit grandir le nombre de ceux qui prennent part à nos conférences.

« Il suffit de jeter un coup d'œil sur le programme de nos cours pour en apprécier l'ampleur et la variété. Tandis que les si intéressantes, si curieuses religions de la non-civilisation sont scrutées dans leurs naïvetés, leurs croyances primesautières et révélatrices des premières aspirations de l'esprit humain encore enfant, celles de la grande race jaune, dont la civilisation demeure désormais seule en face de la nôtre, celles de l'Inde avec leurs gigantesques conceptions et leur attrait singulier, celles dont le monde sémitique est le père et dont trois grandes religions contemporaines sont les filles, celle de l'Égypte sortant avec ses mystères et ses monuments grandioses du silence des siècles et de l'accumulation des sables, trouvent chez nous des spécialistes autorisés qui les enlèvent aux fantaisies de l'ignorance et de la légende pour les ramener au grand jour de la réalité. Les religions classiques de la Grèce et de Rome sont l'objet de recherches faisant profiter ce champ incomparable de poésie et de symboles ingénieux des lumières de l'érudition contemporaine. Le christianisme, en dehors de toute dogmatique, est largement doté par les conférences spéciales qui ont pour objet sa littérature primitive, la patristique, les évolutions historiques du dogme, ses rapports avec la philosophie du passé, la riche histoire de l'Église. Cette série est brillament complétée par l'étude si importante et trop peu cultivée de ce droit canonique, intermédiaire entre l'ancien droit romain et le droit moderne, et dont l'influence se fait sentir bien plus qu'on ne le croit généralement sur les institutions et les législations de notre temps.

« Ce cycle d'études, dont les phénomènes religieux sont l'objet, est vaste, et cependant il n'est pas encore complet. D'autres branches se rattachant à ce tronc d'une fécondité si vigoureuse attendent encore leur représentation. Cette lacune serait plus sensible si nous ne devions pas au zèle désintéressé de quelques autres savants de la voir en partie comblée par les conférences libres qui traitent de l'histoire des Églises autocéphales d'Orient, de la religion assyro-chaldéenne et des religions de l'Amérique précolombienne. Qu'il me soit permis d'adresser à ces collaborateurs dévoués les remerciements de la Section pour leur vaillant concours. Tout récemment, et grâce à la bienveillance de l'Administration supérieure, nous avons vu notre liste s'accroître par la création depuis longtemps désirée d'une conférence consacrée à l'histoire, trop peu connue aussi, du judaïsme talmudique et rabbinique, et je suis heureux de souhaiter la bienvenue parmi nous au spécialiste éminent à qui la tâche de la diriger a été confiée.

« Ce qui m'amène à profiter de cette bonne occasion pour exprimer à l'éminent représentant du Ministre de l'instruction publique toute notre gratitude pour l'intérêt en quelque sorte paternel qu'il n'a cessé de porter à nos travaux et à nos progrès. Le mot « paternel » n'a rien ici d'exagéré. Car, à vraiment dire, M. Liard peut considérer notre Section comme sa fille. C'est lui, lui surtout, qui l'a fondée et organisée. Nous savons les difficultés de plus d'un genre qu'il a dû vaincre pour la constituer et poursuivre son développement. Nous regrettons vivement qu'une circonstance imprévue nous ait privés de l'honneur de compter parmi nos convives M. le Ministre de l'instruction publique, dont la bienveillante acceptation nous avait flattés et réjouis. Mais il ne pouvait se faire représenter parmi nous par un délégué dont la présence nous fût plus précieuse. Que M. Liard, notre fondateur, notre organisateur, notre protecteur, veuille bien agréer nos sentiments de gratitude confiante. Nous lui présentons « sa fille » déjà grandelette, en état déjà de faire quelque honneur à la maison, et nous résumons tous nos vœux en lui demandant simplement de nous continuer son appui et j'ose dire son affection.

« Exprimons aussi à celle des autres Sections de l'École qui se rapproche le plus de la nôtre par la nature de ses travaux et dont nous avons parmi nous les représentants, à la Section des sciences historiques et philologiques, les sentiments de confraternité qui nous animent pour notre grande sœur aînée, en la remerciant de ceux qu'elle n'a cessé de témoigner dans mainte et mainte circonstance où des rapports d'une certaine délicatesse eussent pu susciter des différends qu'une bonne et libérale intention réciproque a toujours évités. Nous sommes certains d'avance que ces bonnes relations se maintiendront et s'affermiront toujours plus.

« Enfin, Messieurs, je n'ai pas besoin de vous dire à quel concours d'événements, à quelles expériences, à quelles orientations nouvelles de l'esprit scientifique et de l'esprit public notre fondation et notre développement sont dus. C'est au souffle de la liberté que notre Section est née. C'est à nos institutions démocratiques et républicaines que nous avons dû de vivre et de travailler dans les conditions d'une parfaite indépendance. Je ne veux pas faire de politique, je crois constater simplement un fait évident. Je pense donc tout à la fois pouvoir me conformer à un usage de haute convenance dans des réunions du genre de la nôtre et résumer nos vœux et nos espérances en vous proposant de lever nos verres à la santé de l'homme éminent qui personnifie en ce moment les institutions et les principes qui nous ont permis de vivre, de M. Félix Faure, président de la République, et en y associant celle de notre honoré convive, M. Liard, directeur de l'Enseignement supérieur. »

DISCOURS DE M. LIARD.

«On a bien voulu me présenter la Section des sciences religieuses comme ma fille. Si je suis son père, je puis dire à quelle date précise elle a été conçue. C'était après la séance de la Chambre des députés où furent supprimées les facultés catholiques de théologie. Le Ministre qui les avait en vain défendues, M. Fallières, et moi, nous tombâmes d'accord qu'il fallait créer à Paris un nouveau centre d'études religieuses, et il nous sembla que le meilleur moyen était de constituer une nouvelle section à l'École des Hautes Études.

«Quand M. Duruy avait créé cette École, il y avait fait cinq sections, celle des sciences mathématiques, celle des sciences physiques et chimiques, celle des sciences naturelles, celle des sciences philologiques et des sciences historiques, et enfin celle des sciences économiques. Cette dernière section n'avait pas été organisée. Il y avait donc là, avec un excellent voisinage, un cadre tout prêt, et comme un berceau vide, tout prêt pour recevoir un enfant nouveau-né. Quand je dis tout prêt, je me trompe, il manquait la layette. Les Chambres nous la donnèrent, simple et modeste, mais suffisante, et la Section des sciences religieuses fut placée dans ce berceau.

«M. le Président a parlé des difficultés qu'il fallut vaincre. Je crois qu'il les exagère. Quand la demande de crédits fut discutée à la Chambre, une seule voix s'éleva pour la combattre, celle d'un homme dont on pouvait ne pas partager les idées, mais auquel on devait respect, parce qu'il était un ardent patriote et un esprit sincère, M. l'évêque Freppel. Mais, en combattant la création de la Section, il se trompait. «De deux choses l'une, dit-il, ou bien «la nouvelle école étudiera la religion selon l'esprit et les tendances catho- «liques, et alors il vaut mieux rétablir les facultés catholiques de théologie, «ou bien elle s'inspirera d'un esprit anticatholique, et alors l'État qui la crée «violera la neutralité religieuse promise par lui.»

«Le dilemme n'était pas absolu. En organisant la Section des sciences reli- gieuses, l'État n'entendait enseigner ni pour ni contre le catholicisme. Il voulait grouper un certain nombre d'esprits compétents, élevés, sincères, capables d'envisager les phénomènes religieux en eux-mêmes, avec les pro- cédés de la méthode historique et critique, et aussi avec cette large sympathie qui est l'auxiliaire nécessaire de l'intelligence.

«Certes, je ne me fais pas d'illusion. A moins d'avoir la pensée d'un Spinosa, entièrement détachée des contingences, je pense que, sauf peut-être dans les sciences mathématiques, il est impossible au chercheur, à l'observateur, de

faire complète abstraction de ses sentiments subjectifs. Dans les sciences naturelles il y a déjà des partis-pris ; à plus forte raison y en a-t-il dans les
sciences historiques, et surtout dans cette partie de l'histoire qui touche aux
sentiments religieux, c'est-à-dire au fond le plus profond de l'homme. Quoi
qu'il en soit, il n'est pas impossible de réunir en vue d'une même étude
scientifiquement poursuivie, l'étude des phénomènes religieux qui se sont
manifestés dans l'histoire, des hommes professant des croyances différentes,
et la preuve que c'est possible, c'est que cela est. Cette synthèse, la voilà
vivante devant moi autour de cette table.

« Je bois à l'œuvre qui est la vôtre ; je bois à la Section des sciences religieuses de l'École des hautes études, à tous ses membres, à son éminent président. Comme nous sommes dans la période des centenaires, je devrais
peut-être boire à son centenaire. Mais, en ce qui nous concerne personnellement, ce serait exprimer un souhait irréalisable. Je me borne à exprimer
que nous nous retrouvions dans dix ans pour fêter son vingtième anniversaire. »

_____

I

RELIGIONS DES PEUPLES NON CIVILISÉS.

Maître de conférences : M. L. MARILLIER,
agrégé de philosophie.

Dans la première de ses conférences, le professeur a étudié *les légendes et
les mythes diluviens* de l'Amérique du Sud, particulièrement du Pérou et
du Brésil, et ceux de l'Océanie (Polynésie, Australie, Mélanésie, Micronésie).

La seconde conférence a été consacrée à l'étude de la structure de la famille
et des *rites du mariage* en Australie. Les résultats de ces nouvelles recherches
confirment ceux auxquels l'avaient conduit ses travaux sur les rites du mariage
en Polynésie et en Mélanésie ; ils sont en contradiction sur plusieurs points
avec les opinions défendues par MM. Lewis Morgan, Fison et Howitt, etc.,
et qui concluent à l'existence primitive d'un véritable mariage collectif (*communal marriage*) en Australie.

II

RELIGIONS DE L'EXTRÊME ORIENT ET DE L'AMÉRIQUE INDIENNE.

Directeur adjoint : M. Léon DE ROSNY,
professeur à l'École spéciale des langues orientales vivantes.

1° *Conférence du lundi :*

Premier semestre. Le professeur a exposé, d'après des documents originaux non encore traduits dans une langue européenne, l'état religieux de la Chine antérieurement au siècle de Confucius et de Lao-tsé. Il a ensuite discuté les théories philosophiques du *Tchoung* et du *Ho.*

Second semestre. Exposé de la doctrine de l'*Abhidharma* et des croyances des écoles de *Ten-saï* et de *Sin-syu.* La double voie et les idées des *Pitzega-Bouddha.* Le professeur a ensuite traité de l'histoire de *Manco-Capac* dans ses rapports avec la religion dite *des Incas* au Pérou antécolombien. Puis il a rendu compte des derniers travaux relatifs à l'interprétation des livres sacrés de l'Amérique Centrale.

2° *Conférence du jeudi.* — Après avoir fait, à la demande de ses auditeurs, l'exposé de la langue coréenne et expliqué quelques-uns des textes de sa *Chrestomathie religieuse de l'Extrême Orient,* le professeur a exercé ses élèves à traduire des définitions philosophiques religieuses chinoises et à faire usage des grands dictionnaires anciens et modernes publiés en Chine. Les résultats de ce dernier travail, auquel il attachait une importance exceptionnelle, ont été excellents.

M. D. MARCERON, élève titulaire, s'occupe de la composition d'un Supplément à sa *Bibliographie du Taoïsme* qui doit renfermer des notices sur les principaux ouvrages composés en Chine et au Japon sur la doctrine du philosophe Lao-tsé.

M. le Dʳ ROZIER a rédigé une étude sur la différence des idées *d'individualité* et de *personnalité* dans le bouddhisme.

III

RELIGIONS DE L'INDE.

Directeur adjoint : M. Sylvain Lévi, professeur au Collège de France. — Maître de conférences : M. A. Foucher, agrégé de l'Université.

M. Louis Finot, remplaçant M. Foucher en congé, a expliqué pendant le premier semestre la *Bhagavadgîtâ* et pendant le second le poème épique de *Kalidâsa Raghuvamça* considéré principalement au point de vue des croyances et des usages religieux.

MM. Lederer, Mauss, A. de Pompignan et, à la fin de l'année, Mᵐᵉ Mabel Bode ont pris une part active à ce travail.

IV

RELIGIONS DE L'ÉGYPTE.

Maître de conférences : M. E. Amélineau, docteur ès lettres.

La conférence sur la religion égyptienne, n'ayant eu lieu que pendant le second semestre de l'année, n'a pas pu remplir un grand programme. Le professeur a cependant expliqué les premières planches de la publication de Sharpe et Bonami relative au *Sarcophage de Séti Iᵉʳ*. Ces planches lui ont fourni l'occasion d'expliquer l'évolution des doctrines égyptiennes sur l'âme, telle qu'il la comprend, et d'éclairer par des rapprochements avec les coutumes modernes encore vivantes en Égypte bien des points relativement obscurs de la doctrine égyptienne.

Dans une autre conférence, en expliquant la *Vie du patriarche Isaac*, il a montré comment les idées antiques se retrouvaient sous les idées chrétiennes.

V

RELIGIONS D'ISRAËL ET DES SÉMITES OCCIDENTAUX.

Directeur adjoint : M. Maurice Vernes, docteur en théologie.

Les conférences ont eu lieu régulièrement au cours de l'exercice 1895-1896 avec une fréquentation satisfaisante d'élèves et d'auditeurs tant nationaux qu'étrangers.

L'explication de l'histoire de Joseph (Genèse, XXXVII à L) a donné lieu à des comparaisons avec d'autres textes bibliques similaires et à des rapprochements avec des mots qui semblent appartenir aux langues de l'Occident. Cette étude sera poursuivie et complétée dans l'exercice 1896-1897.

Dans le premier semestre, on a posé les principes de l'étude critique de l'idée du *Messie dans les livres de l'Ancien Testament*, en montrant que l'exégèse traditionnelle était dominée par un système d'interprétation créé par les premiers docteurs et apologistes du christianisme, et qu'il fallait déblayer absolument le terrain des influences de cet ordre pour aborder avec chances de succès le problème, purement historique, des espérances attachées par le peuple d'Israël à la personne d'un libérateur et à une crise finale qui doit transformer l'économie présente.

Dans le semestre d'été, on a expliqué le début de l'*Épopée des prophètes Élie et Élisée* (I *Rois*, XVII; II *Rois*, XIII) en faisant ressortir le caractère très particulier de cette œuvre, introduite d'une manière artificielle dans les vieilles annales d'Israël; c'est la glorification du prophétisme, qui prétend prendre la direction de la vie nationale contre les influences religieuses du dehors et, par une fiction hardie, revendique pour le *nabi* les fonctions et les privilèges du sacerdoce ou clergé régulier.

VI

JUDAÏSME TALMUDIQUE ET RABBINIQUE.

Maître de conférences : M. Israël Lévi,
professeur au Séminaire israélite.

1° *Conférence du lundi* : Explication du *Pirké R. Éliézer* (ch. I-IV). Les deux premiers chapitres ont été reconnus étrangers à l'ouvrage. — Rapports

de l'ouvrage avec les productions antérieures. — Source des idées cosmo-
goniques et mystiques de l'auteur. — Caractère et plan du livre. — Indices
propres à lui assigner une date et une patrie.

2° *Conférence du mercredi : Le Messianisme d'après le Talmud et les Midras-
chim.* La personne du Messie : sa nature humaine, insistance des plus
anciens textes rabbiniques à la faire ressortir par opposition à la dogmatique
chrétienne. — Sa non-préexistence éternelle : son avènement fait partie du
plan providentiel tracé avant la création, mais il n'a pas été créé lui-même
dès l'origine. — Réaction contre la théologie chrétienne. — Des écrits du
viiie et du ixe siècle, imprégnés d'idées chrétiennes, admettent sa préexis-
tence éternelle. — Opinions qui le considèrent comme ayant vécu et ne
devant plus être attendu ou pouvant revenir. — Récits *populaires* qui le font
naître et mourir lors de la destruction du deuxième temple, ou le repré-
sentent parmi les morts attendant le moment d'apparaître, ou le placent au
milieu des vivants. — Rapports de ces conceptions avec l'idée d'un Messie
souffrant.

Le professeur a, en outre, dirigé les études de M. BRANDIN sur le commentaire biblique de Raschi et a commencé avec M. Isidore LÉVY l'explication
des textes talmudiques relatifs aux cultes étrangers.

MM. Julien WEILL, LUDVIPAL, BROYDÉ, SCHUHL, Jonas WEILL, ARDITI,
VILARD, SCHUMACHER, MANUEL et Paul KAHN ont pris une part active aux ex-
plications.

VII

ISLAMISME ET RELIGIONS DE L'ARABIE.

Directeur adjoint : M. Hartwig DERENBOURG,
professeur à l'École spéciale des langues orientales vivantes.

1° Explication du *Coran* (sourates LXXXV-XCV), avec le commentaire d'Al-
Baidâwî. Bien que M. BROYDÉ restât seul des élèves mentionnés dans mon
dernier rapport, la conférence a marché à souhait, grâce à la collaboration
de MM. BROYDÉ, NAHOUM, HALÉVY, SELIGSOHN, SALMON, MARÇAIS, THEILLET,
STRAUSS, THAREL, MARTINE, BOUVAT. Je nomme à part M. le colonel DANTIN,
qui nous a fait profiter de sa perspicacité et de son expérience.

2° Jamais les études himyaritiques n'avaient attiré un auditoire aussi nombreux, aussi attentif. Aux noms qui ont été signalés plus haut, j'ajouterai MM. Bérard, le docteur Despréaux, Dussaud, Khâlidî. Les *inscriptions de Hâz*, destinées à la 3ᵉ livraison du *Corpus Inscriptionum semiticarum*, ont été mises au tableau par M. Broydé et interprétées par le directeur adjoint. Les trois dernières conférences ont eu lieu, en présence de monuments authentiques, à la Bibliothèque nationale (cabinet des antiques et médailles).

VIII
RELIGIONS DE LA GRÈCE ET DE ROME.

Maître de conférences : M. André Berthelot, agrégé d'histoire.

Les cultes du Péloponèse : Cultes locaux de la Laconie. — Propagation des cultes de Dionysos et de Demeter et de leurs légendes dans le Péloponèse.

IX
LITTÉRATURE CHRÉTIENNE.

Directeur adjoint : M. A. Sabatier, professeur à la Faculté de théologie. — Maître de conférences : M. Eugène de Faye, licencié en théologie. — Maître de conférences honoraire : M. L. Massebieau, docteur ès lettres.

1° Conférences de M. Sabatier.

1° Durant le semestre d'hiver, le directeur adjoint a étudié les *idées religieuses des premiers chrétiens d'après les inscriptions des catacombes de Rome.*

Durant le semestre d'été, il a exposé la formation progressive du *Canon du Nouveau Testament* et les premières collections d'écrits apostoliques qui le préparèrent.

2° Parallèlement, dans une seconde conférence, il a expliqué avec le concours actif des élèves, l'*Épître de l'apôtre Paul aux chrétiens de la Galatie.*

MM. Krop, Jospin, Maluski et Pétrequin ont apporté dans le semestre d'été des contributions importantes sur les traces que les écrits apostoliques ont laissées dans ceux des Pères apostoliques, de Clément-Romain, de Barnabas, de Polycarpe et de Justin Martyr en particulier.

2° Conférences de M. Eugène de Faye.

Conférence du jeudi : L'École chrétienne d'Alexandrie. — Reconstitution du milieu. Alexandrie, sa topographie, ses institutions littéraires, son esprit. — Exemples et indices de l'influence exercée par le milieu sur le christianisme d'Alexandrie. — Aperçu sommaire de l'École juive d'Alexandrie. Points sur lesquels l'influence de cette École se fait sentir dans le christianisme du ii° siècle et mesure de cette influence.

Tels sont les facteurs les plus importants qui expliquent le caractère particulier de l'École chrétienne d'Alexandrie. — Origines de cette école. — L'Église d'Alexandrie, Pantène, examen critique des renseignements d'Eusèbe. — Clément d'Alexandrie; ce que l'on connaît de sa personne; ses ouvrages; état des documents. Étude de Clément au point de vue des efforts qu'il a faits pour associer la philosophie grecque au christianisme. — Difficultés et préventions que rencontra sa tentative. — Analyse du premier chapitre des *Stromates.* — Le christianisme qui repousse la philosophie. Tertullien et le *De præscriptione hereticorum.* Les mêmes objections en partie faites à Clément par ses critiques à Alexandrie. — Sa réponse d'après les *Stromates.*

Conférence du mardi : Explication des deux premiers livres du *De Principiis* d'Origène.

X

HISTOIRE DES DOGMES.

Directeur d'études : M. Albert Réville, professeur au Collège de France. — Maître de conférences : M. F. Picavet, docteur ès lettres.

1° Conférence de M. Albert Réville.

Comme l'annonçait le programme, la conférence sur l'Histoire des Dogmes a étudié en détail, sur les textes grecs, les *Christologies du Nouveau Testament,* leurs variétés et leur gradation. Les idées christologiques des évangiles synoptiques, des épîtres pauliniennes (première et seconde série), de l'épître aux Hébreux, de l'Apocalypse, ont été l'objet d'une discussion minutieuse, la christologie dite *johannique* étant réservée pour une étude spéciale et prochaine. Malgré les difficultés et l'aridité apparente du sujet traité, cette conférence a été suivie assidûment par un nombre relativement très élevé d'auditeurs.

2° Conférences de M. Picavet.

Conférence du jeudi : Explication du Περὶ ψυχῆς (I) *d'Aristote et du De* Natura rerum (III) *de Lucrèce :* doctrines psychologiques des Péripatéticiens et des Épicuriens; position prise à l'égard des unes et des autres par les chrétiens, spécialement par les hérétiques et les orthodoxes du xiii° siècle.

Conférence du vendredi : Saint Thomas commentateur d'Aristote. On s'est demandé : 1° A quelle époque et pour qui saint Thomas a-t-il composé chacun de ses commentaires? — 2° Avait-il plusieurs versions latines? — 3° Disposait-il du texte et connaissait-il le grec de façon à les rectifier, à les compléter ou à les justifier? — 4° Comment choisissait-il entre des leçons différentes? — 5° Quels auteurs grecs, latins, arabes et juifs a-t-il utilisés pour commenter la Métaphysique, la Politique, etc.? — 6° Quelles doctrines antiques a-t-il combattues ou transformées? — 7° Quelles doctrines péripatéticiennes ou néoplatoniciennes a-t-il transportées dans ses ouvrages dogmatiques et fait entrer dans la philosophie chrétienne du xiii° siècle?

MM. Dhuet, Alexandre, Lami, Pascoet, Haguenin, Arqué, Thomé, Corre, Kahn, Beslier, etc., ont pris une part active aux conférences (traductions, expositions).

XI

HISTOIRE DE L'ÉGLISE CHRÉTIENNE.

Maître de conférences : M. Jean Réville, docteur en théologie.

1° *Étude des Constitutions et des Canons apostoliques.* — Introduction générale à ce genre de littérature et au recueil des huit livres des Constitutions apostoliques. — Étude critique détaillée, avec collaboration active des élèves, du vii° livre; comparaison littéraire et historique avec la Didaché, les chapitres xviii-xix de l'Épître de Barnabas, les *Canones Ecclesiastici* publiés par Bickell. — Les données liturgiques du vii° livre des Constitutions.

2° *La Contre-Réformation du* xvi° *siècle.* — Les antécédents de l'Église romaine du xvi° siècle. Le Curialisme triomphant. La situation de l'Église au moment où parut Luther. — Les pertes de l'Église romaine par le fait de la Réformation avant le Concile de Trente. — Les papes et la Réforme jusqu'au Concile de Trente. Genèse de la Contre-Réformation, soit chez les partisans d'un concile, soit dans la régénération religieuse de l'Église catholique, soit dans la curie elle-même. — Étude analytique de l'œuvre du Concile de Trente qui définit le catholicisme par opposition aux doctrines et aux institutions de la Réforme. — L'ordre des Jésuites, principal organe de la Contre-Réformation. Fondation, constitution, activité pédagogique et religieuse. — Le relèvement religieux et moral du catholicisme à la fin du xvie et au xviie siècle. Science et art de la Contre-Réformation. — Les reprises du catholicisme sur le protestantisme jusqu'au traité de Westphalie. — L'activité missionnaire de l'Église catholique retrempée par la lutte contre la Réforme.

XII

HISTOIRE DU DROIT CANON.

Directeur adjoint : M. Esmein, professeur à la Faculté de droit.

1° *Conférence du mardi : L'inquisitio haereticae pravitatis; histoire et théorie.* — Bibliographie du sujet; sources imprimées. — I. Les origines : la poursuite de l'hérésie sous les empereurs chrétiens; les lois romaines contre les hérétiques. — La tolérance dans les royaumes fondés par les barbares Ariens, Visigoths et Burgondes. — Le droit de la monarchie franque. — La poursuite de l'hérésie aux xie et xiie siècles, principalement dans le nord de la France; la *purgatio* et le *judicium.* — Le décret de Gratien. — La procédure criminelle *per inquisitionem* s'introduisant à la fin du xiie siècle. — II. La fondation de l'*Inquisitio haereticae pravitatis.* — Les grandes hérésies du midi de la France, les Vaudois et les Cathares. — La législation de l'Église sur la répression de l'hérésie depuis le xiie siècle jusqu'au Concile de Latran de 1215. — La législation séculière contre les hérétiques dans les principaux pays d'Europe au xiiie siècle; les Constitutions de Frédéric II. — Les tribunaux de l'Inquisition; premiers essais; l'Inquisition déléguée par la Papauté aux dominicains et aux franciscains. — Résistance dans le midi de la France; mesures prise par Philippe le Bel. — Réformes opérées par le Concile de Vienne. — Caractère de l'Inquisition dans les principaux pays de l'Europe où elle s'introduit. — La congrégation du Saint-Office. — III. Organisation des tribunaux de l'Inquisition. — L'*inquisitor judex delegatus* du Pape; les *socii,* les subdélégués. Les notaires et la *familia armata.* — IV. La procédure : compétence des tribunaux de l'Inquisition; leur procédure; dans quelle mesure elle reproduit le droit commun et dans quelle mesure elle s'en écarte.

2° *Conférence du samedi : Le Testament en droit canonique; histoire et théorie.* — I. Les origines : de la chute de l'Empire romain d'Occident à la renais-

sance médiévale des études de droit romain. — La décadence et la décompo-
sition du testament romain ; le codicille et l'*epistola,* la clause codicillaire. —
L'Église prend le testament sous sa protection et sous sa direction ; la *lex
barbara Wisigothorum;* la règle des deux témoins. — Les documents de la
monarchie franque. — Le testament en droit séculier devenant un acte entre
vifs, le testament, acte de dernière volonté, conservé par l'influence de l'Église.
— Les exécuteurs testamentaires, leur origine. — L'obligation au testament
et les meubles des intestats ; documents anglais et français. — II. Le droit
canonique classique. Influence de la renaissance des études de droit romain
en ce qui concerne le testament. — La théorie des *legata ad pias causas.* —
La théorie des exécuteurs testamentaires : le droit anglais et ses rapports avec
le droit canonique ; l'ancien droit français. — Les formes et solennités du
testament. — Les règles de fond en matière de testament propres au droit
canonique. — La juridiction en matière de testament, la *probatio testamenti.*
— Le testament des clercs ; la *canonica portio.*

Ces conférences ont été suivies par un groupe excellent d'élèves, notamment par MM. l'abbé Bertrand, Mafer, Parvu, Richard, Lambert, Astoul,
Genestal de Chaumeil, Bourde de la Rogerie et Martin.

COURS LIBRES.

1° Conférence de M. J. DERAMEY, sur l'*Histoire de l'Église syriaque* : Histoire des anciennes églises de la Syrie, de la Mésopotamie et de la Chaldée jusqu'au temps du roi Yesdedgerd II.

2° Conférence de M. A. QUENTIN, sur la *Religion assyro-babylonienne* : Explication de l'Épopée d'Izdubar, notamment du xie chant, avec commentaire des données relatives à la religion de l'auteur et de la génération à laquelle il s'adressait.

3° Conférence de M. G. RAYNAUD, sur les *Religions de l'Ancien Mexique* : Étude des six premiers chapitres du Sahagun. — Interprétation des sept premières pages de la Matricule des tributs du Codex Mendoza. — Détermination de la déesse Tonantzin, la Déméter mexicaine. — Explication des quatre premières pages de la Mappe Tlotzin.

PROGRAMME DES CONFÉRENCES

POUR L'ANNÉE 1896-1897.

I. *Religions des peuples non civilisés.* — M. MARILLIER : Les rites du mariage (Amérique du Nord), les mardis, à 9 heures. — Mythes et traditions relatifs à un déluge (Asie, Afrique, Europe), les samedis, à 1 heure et demie.

II. *Religions de l'Extrême Orient et de l'Amérique indienne.* — M. Léon DE ROSNY : Les idées religieuses de la Chine avant Confucius, et les origines du Taoïsme. — La religion dite *des Incas* dans la région Nord de l'Amérique du Sud avant le siècle de Colomb, les jeudis, à 2 heures un quart. — Explication de la Chrestomathie religieuse de l'Extrême Orient. — Exercices pratiques sur la recherche des termes philosophiques des Chinois dans leurs principaux dictionnaires, les lundis, à 2 heures un quart.

III. *Religions de l'Inde.* — M. FOUCHER : Explication des Vedânta-Sûtras, les lundis, à 4 heures et demie.

IV. *Religions de l'Égypte.* — M. AMÉLINEAU : Explication des textes gravés sur le sarcophage de Séti Ier, les lundis, à 3 heures. — Explication de textes coptes, les mercredis, à 3 heures.

V. *Religions d'Israël et des Sémites occidentaux.* — M. Maurice VERNES : Explication de l'histoire de Joseph (*Genèse*, XXXVII à L), les lundis, à 3 heures un quart. — Les légendes locales et leur importance dans l'histoire du peuple d'Israël, les vendredis, à 3 heures un quart.

VI. *Judaïsme talmudique et rabbinique.* — M. Israël LÉVI : Le messianisme dans les écrits talmudiques et midraschiques, les mardis, à 4 heures. — Explication du Pirké Rabbi Éliézer, les mardis, à 5 heures.

VII. *Islamisme et Religions de l'Arabie.* — M. Hartwig DERENBOURG : Explication du Coran avec le commentaire théologique, historique et grammatical de Baidâwi, d'après l'édition de M. Fleischer, les vendredis, à 5 heures. — Explication de quelques inscriptions sabéennes et himyarites, les mercredis, à 4 heures.

VIII. *Religions de la Grèce et de Rome.* — M. André BERTHELOT : Cultes du Péloponèse, les mardis, à 1 heure et demie et à 2 heures et demie.

IX. *Littérature chrétienne.*

1° Conférence de M. A. SABATIER : Histoire de l'Église de Corinthe, les jeudis, à 9 heures. — Explication des documents à l'appui, les jeudis, à 10 heures.

2° Conférence de M. Eugène DE FAYE : Explication des livres III et IV du *De Principiis* d'Origène. Examen de sa conception du libre arbitre et de sa théorie de l'Inspiration des Écritures, les mardis, à 4 heures et demie. — L'École catéchétique d'Alexandrie. L'œuvre de Clément, notamment dans ses rapports avec la philosophie grecque, les jeudis, à 11 heures.

X. *Histoire des Dogmes.*

1° Conférence de M. Albert RÉVILLE : La Christologie dite *johannique* dans les livres du Nouveau Testament, les lundis et les jeudis, à 4 heures et demie.

2° Conférence de M. PICAVET : Le Περὶ ψυχῆς d'Aristote (l. II), explication et comparaison avec les versions et les commentaires du moyen âge, les jeudis, à 8 heures. — La métaphysique antique et la théologie chrétienne chez Albert le Grand, saint Thomas, Vincent de Beauvais, les vendredis, à 4 heures trois quarts.

XI. *Histoire de l'Église chrétienne.* — M. Jean RÉVILLE : Étude de documents anciens relatifs à l'apôtre Pierre. Histoire et légende, les mercredis, à 4 heures et demie. — Histoire de la théologie critique moderne, les samedis, à 4 heures et demie.

XII. *Histoire du Droit canon.* — M. ESMEIN : La prescription et la coutume en droit canonique, les samedis, à 2 heures et demie. — L'œuvre canonique d'Yves de Chartres, les mardis, à 10 heures.

COURS LIBRES.

1° Conférence de M. J. DERAMEY sur l'*Histoire de l'Église syriaque* : Histoire des Églises nestoriennes depuis le milieu du v⁰ siècle, les mercredis et les samedis, à 2 heures.

2° Conférence de M. A. QUENTIN sur la *Religion assyro-babylonienne :*
Les origines de la Religion babylonienne d'après les documents les plus
anciens, les lundis et les samedis, à 5 heures et demie.

3° Conférence de M. G. RAYNAUD sur les *Religions de l'Ancien Mexique :*
Les documents écrits de l'ancien Mexique, les vendredis, à 1 heure trois
quarts.

BIBLIOTHÈQUE

DE L'ÉCOLE PRATIQUE DES HAUTES ÉTUDES.

SECTION DES SCIENCES RELIGIEUSES.

Paris, Leroux. — Volumes grand in-8°.

———

RAPPORTS ANNUELS

DE L'ÉCOLE PRATIQUE DES HAUTES ÉTUDES:

SECTION DES SCIENCES RELIGIEUSES.

(Paris, Imprimerie nationale.

Dépôt chez Leroux et chez Fischbacher, éditeurs.)

———

La science des religions et les religions de l'Inde, par Sylvain Lévi, maître de conférences pour l'histoire des religions de l'Inde. — Rapport sommaire sur les conférences des exercices 1889-1890, 1890-1891, 1891-1892. — 1 broch. gr. in-8°.

L'Évangile de Pierre et les Évangiles canoniques, par A. Sabatier, directeur adjoint pour l'histoire de la littérature chrétienne. — Rapport de l'exercice 1892-1893. — 1 broch. gr. in-8°.

La survivance de l'âme et l'idée de justice chez les peuples non civilisés, par L. Marillier, maître de conférences pour l'histoire des religions des peuples non civilisés. — Rapport de l'exercice 1893-1894. — 1 broch. gr. in-8°.

Nouveau mémoire sur l'épitaphe Minéenne d'Égypte inscrite sous Ptolémée, fils de Ptolémée, par Hartwig Derenbourg, directeur adjoint pour l'histoire de l'islamisme et des religions de l'Arabie. — Rapport de l'exercice 1894-1895. — 1 broch. gr. in-8° avec une héliogravure.